はじめに

　本書は包括的な支援体制、重層的支援体制整備事業に関する２つの研究・事業の成果を反映しています。１つは、厚生労働省社会・援護局令和３年度社会福祉推進事業おける研究報告書である、「評価指標開発委員会・平野隆之編（2023.3）『重層的支援体制整備事業における評価活動のすすめ―所管課エンパワメント・ハンドブック』全国コミュニティライフサポートセンター」におけるＡ＋Ｂ＋Ｃモデルの活用です。もう１つは、2020（令和２）～2022（令和４）年度の３ヶ年に実施した広島県後方支援事業における県・県社協の自治体訪問、研修の成果です。とくに後者の「地域支え合いコーディネート機能強化研修」は、ワーカー個人の養成研修ではなく、自治体職員、社協職員、相談支援機関職員などのチーム受講を原則とし、４回にわたる研修の過程を通じて各自治体の包括的な支援体制のためのチームづくりと基本設計を図ることを目的に実施しました。編者の３名は、それぞれの立場でこの２つの研究・事業に参加しています。とくに、広島県の後方支援事業の参画の経験から、本書は包括的な支援体制・重層的支援体制整備事業にかかわる自治体の実情や努力、悩みを反映した内容になっていると自負しています。また、その関係から本書が紹介している事例は広島県と藤井が関与している阪神間の事例、また小規模自治体の取り組みに着目した事例をテーマごとの典型例として掲載しています。

　さて、本書の目的は次にあります。１つは、社会構造が大きく変化する中で、あらゆる主体に変革が求められています。その中で、包括的な支援体制の整備は「福祉行政・地域福祉行政の改革」ととらえています。また、その改革の方法は、包括的な支援体制づくりを通した行政内、多様な主体の「協働」ととらえています。本書はこの協働体制を参加型で形成するためのガイドブックといえます。２つには、「支援体制の整備」が支援者側の論理で進むのではなく、住民・当事者を中心とした体制整備をめざすことへの理念と実践の基盤づくりの考え方の普及です。３つには、重層的支援体制整備事業の評価のためのＡ＋Ｂ＋Ｃモデルの活用です。国の制度化は課題の普遍的解決のために施行されますが、制度化された途端に制度枠に縛られ形骸化することもよくあることです。それに対して、包括的な支援体制・重層的支援体制整備事業は、当事者・地域のニーズに合わせて絶えず変化するオープンシステムとしての制度横断の重層的な地域ケアシステムといえます。そのためには、各自治体のこれまでの蓄積を踏まえた体制づくりの自由な設計が必要です。４つには、以上の点はこれまでの法令順守の権限行政の運営では理解されない点です。それへの支援として、担当者が周囲の理解を得るための説明書として作成しています。そのため、ページ数も制限し、なるべく専門用語を使わない説明に心がけました。

　このように、本書はこれらのチーム形成、基盤づくりの基本設計書のためのガイドブックという性格をもちます。是非、関係者の皆さんで本書の内容を共有していただければ幸いです。

2023（令和５）年８月

編　者　一　同

目　次

逆引きアナウンス

　本書は、包括的な支援体制、重層的支援体制整備事業の担当になった自治体職員や社会福祉協議会職員の多くが抱く現場の疑問に応えたい想いが出発点となり作成しました。皆さんの課題が解決され、より丁寧に実行するためにも、あくまでも本書を最後まで読むことが前提ですが、自治体内の関係者、関係機関の疑問に対しての目線合わせにこの「逆引きアナウンス」をご活用ください。

●それなりに対応して、実行しています。これまでと何が違うのでしょうか。

●どんなイメージをすればいいですか。

●どこから始めればよいでしょう。

●総合相談窓口を設置すればいいのですか。

●多機関協働事業（重層的支援会議）をどのように進めればいいですか。

●マンパワー、財源ともに弱く、現状維持しかなく、取り組む意義が見当たりません（これ以上、新しい仕事はできません）。

●行政内の人材養成にどのように取り組めばよいですか。

●社会福祉協議会とどのように協働すればよいですか。

●この事業の評価はどのようにしますか。

第1章　包括的な支援体制整備の基本的理解

1. 包括的な支援体制とは －分野横断の地域ケアシステム－

　包括的な支援体制とは分野横断のセーフティネットとしての地域ケアシステムといえます。ここでは、担当者の皆さんが関係者に理解を求めるための説明の仕方を意識して解説しています。また、高齢者の地域ケアシステムである地域包括ケアシステムとの関連を述べておきます。

（1）当事者と専門職双方の疲弊に対応するしくみの構築

　諸制度や社会資源を当事者（CL：クライエント）に合わせて支援するのが福祉専門職（Wer：ワーカー）の本来の専門性や役割です。しかし、現代の諸問題（地域生活課題：社会福祉法第4条第3項）は、個々の福祉専門職の実践の限界を超えて深刻化しています。そのことによって、福祉専門職は燃え尽きるか、問題を見過ごすかという状況に陥る恐れがあります。また、どちらにせよ、当事者の生活困難は解決しないままです。

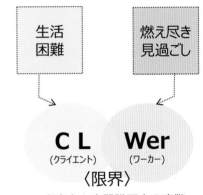

図1-1　当事者と専門職双方の疲弊

　包括的な支援体制は、この状況を解決する地域ケア／地域生活支援のしくみ（＝地域ケアシステム）をつくるという行政の責務として提起された体制です（社会福祉法第6条）。

（2）地域ケアシステムの機能

　それでは、地域ケアシステムとはどのようなしくみでしょうか。

　地域ケアシステムとは端的に説明すれば、支援困難ニーズをそのしくみに入れるとQOL（生活の質）の向上と早期発見、早期対応の支援（予防的対応）にアウトプットされる、連携協働のネットワークのしくみといえます。

　そのために、このしくみは閉鎖的ではなく、ニーズの変化に応じて絶えず変化しつづけるオープンシステムという特質をもちます。

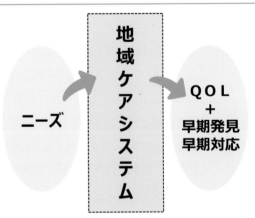

図1-2　地域ケアシステムの機能

（3）地域ケアシステムとは3つのネットワークの連結体

　一般に、この連携協働のネットワークとは、図1-3のように、相談支援などの生活支援を機能させる①行政・専門職間のネットワーク、②行政・専門職と住民のネットワーク、③住民間のネットワークの3つのネットワークの連結体といえます（第3章参照）。とくに行政・専門職間のネットワークは「庁内連携」「多機関協働」と呼ばれています。

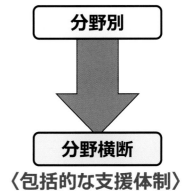

図1-3　地域ケアシステムとは3つのネットワークの連結体

（4）分野別包括化から分野横断の包括化へ

　福祉制度上では高齢、障害、児童、生活困窮などの制度ごとに分野別の地域ケアシステムが構築されてきました。また、それは、現行制度が属性別である以上、今後とも発展していくでしょう。

　しかし現在の課題は、その「制度分野ごとの地域ケアシステム」とともに、制度の狭間の問題に象徴されるように「分野横断の地域ケアシステム」の構築が求められます。それが包括的な支援体制です。

　包括的な支援体制を構築する場合には、分野別のなかでもとくに地域ケアシステムを意識して構築してきた、高齢者分野の「地域包括ケアシステム」との連携を重視して構築する必要があるでしょう。

図1-4　分野別包括化から分野横断の包括化へ

　包括的な支援体制と地域包括ケアシステムの関係は次の通りです。

表1-1　包括的な支援体制と地域包括ケアシステム

	包括的な支援体制	地域包括ケアシステム
多機関協働	主として福祉分野内と教育、居住、就労、孤立への対応、地域づくりなどの分野間連携（地域生活課題）	主として、福祉分野と介護予防、医療・介護・居住の分野間連携（高齢者課題）
地域づくり	仕事づくり、居場所づくり	サロン、通いの場づくり
法的根拠	社会福祉法	介護保険法

注）権利擁護支援の課題は共通課題

事例1　全分野全世代型の地域包括ケアの推進体制づくり（福島県楢葉町）

　福島県楢葉町は、東日本大震災による原発事故で全町民が避難しましたが、4年後の2015（平成27）年9月、避難指示が解除されました。2023（令和5）年4月30日現在の人口は6,579人で、町内居住者は4,322人（町内居住率は65.7％）です。

　地域共生社会を目指してきた楢葉町は、避難先のいわき市に整備した仮設住宅のエリアに、高齢者や障がい者、子どもといった分野別ではなく、誰もが利用できる共生型の拠点を複数整備し運営してきた経験をもっています。

　帰町に向けて2014（平成26）年度には、対象者別の「福祉の枠組み」から「総合的な支援」へという方向を示す「楢葉町保健・福祉ビジョン」を策定。併せて同年度に子ども、高齢、障がい、健康、地域福祉の計画を見直し策定するとともに、生活や世帯を丸ごと捉えて支援を調整する「地域共生ケア会議」を設置して、以降毎月開催しています。また、個別会議は必要に応じて随時開催しています。2021（令和3）年度から始まった重層的支援体制整備事業の移行準備事業においては、これを重層的支援会議と位置づけています。課題はそのままにせず、ワーキンググループを立ち上げて関係者が議論し方向を導いています。生活支援体制整備事業の第1層協議体は町の地域包括ケア推進協議会を兼ねていますが、「町政懇談会」「竜田駅西側を考える会」「地域ミニデイ」などなど、対話の場はすべて協議体と位置づけています。

　また、2017（平成29）年度の楢葉町高齢者福祉計画及び介護保険事業計画と楢葉町障がい者計画・障がい福祉計画・障がい児福祉計画の策定の際には、共通する課題や対応策を明らかにするとともに、2020（令和2）年度の策定では、例えば高齢計画では「8050問題」をどう丸ごと支えるのか、障がい計画では「5080問題」をどう丸ごと支えるのか、といったように地域福祉（活動）計画も含めた分野別の計画の一体化をめざした作業を通じて「地域共生社会」の実現を計画的に進めてきました。

　帰町した2015（平成27）年度からは毎年1回、「楢葉町地域包括ケアシステム構築推進シンポジウム～ならはコミュニティコレクション～（通称：ならコレ）」を開催しています。毎年テーマを定め、住民にも登壇してもらうほか、住民や専門職との対話を通じて明らかになった町の現状や今後の姿を、町役場等の職員が演じる寸劇などを通じて共有します。参加者アンケートには、役場と地域包括支援センター、社会福祉協議会の職員の一体感を評価する自由記述も多いのが特徴です。

　楢葉町のこうした取り組みの中核は、社会福祉協議会が受託する地域包括支援センターで地域共生ケア会議の所管もし全世代が対象です。相当量の打ち合わせや会議がありますが、そのコミュニケーションが町行政と地域包括支援センターと社会福祉協議会の協働を支え、一体的に取り組む環境を育んできました。

　楢葉町は農村地域で自家用野菜を育てる住民も多く、自家用野菜のおすそ分けが地域のつながりや気にかけ・支え合う地域を育んでいるといったことも見えてきました。また、高齢者やひきこもりの人が、人手不足の農業関係に参加し活躍できるといった農福連携にも取り組み、町行政に助言をもらいながら社会福祉協議会が農地を借り受け、農園づくりにも励んでいます。そうした実践的、実験的なチャレンジを踏まえ、楢葉町は重層的支援体制整備事業の整備に向けて取り組んでいます。

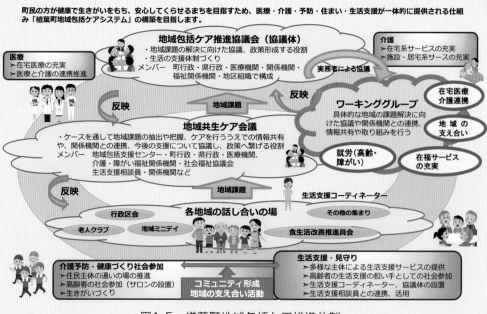

図1-5　楢葉町地域包括ケア推進体制

地域包括ケアシステムが介護保険制度を越えて全世代、全分野型の地域包括ケアシステムに広がれば包括的な支援体制になります（P8 事例１参照）。包括的な支援体制はこれまでに蓄積のある地域包括ケアシステムの土台の上に形成されるものです。Ａ＋Ｂ＋Ｃモデル（以下、ABC モデル）のＣの抽出においては、この点にとくに留意しましょう（第２章参照）。

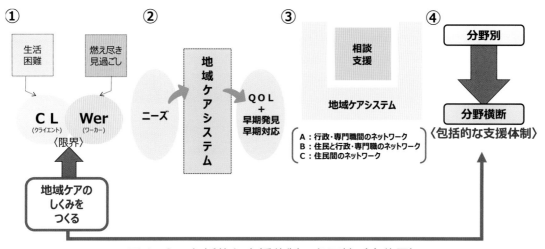

図1-6　包括的な支援体制の必要性（全体図）

２．包括的な支援体制・重層的支援体制整備事業の背景

包括的な支援体制は社会福祉法 106 条の３に規定され、自治体の努力義務とされた社会福祉の体制です。

また、この体制を整備するために重層的支援体制整備事業（同法 106 条の４）が創設されています。まずはこの体制整備が求められる３つの時代背景を理解しましょう。

【包括的な支援体制の３つの時代背景】
① 1980 年代からの高齢社会・介護問題→ 2025 年問題から 2040 年問題に
②バブル経済崩壊後、1990 年半ばからの貧困の拡大（就職氷河期時代）
　→ 8050 問題、貧困、孤立する壮年期、高齢期層の増大へ
③人口減少社会（2008）→少子高齢化（担い手不足）、家族の縮小化と単身化（ニーズの増大）

①は 2040 年に 65 歳以上の人口がピークになります。社会保障全般と介護保険制度の改革が求められます。

②は 1990 年代半ば以降に顕著になった非正規雇用の増加にともなう貧困化を伴う社会的格差と社会的排除の問題が増大していくことが予想されます。また、就職氷河期の若者が壮年期を迎え、高齢者の貧困の増加が予測されます。

③上記に加え、日本は 2008 年から人口減少社会に転換したことに伴い、以下の社会状況が生じています。

- ●老夫婦世帯やひとり親家庭などの家族の縮小化と独身男性などの単独世帯の増加
- ●地域のつながりの希薄化、過疎化の進行などをともなった社会的孤立の広がり
- ●子どもの問題の増加に対する教育、福祉、地域の連携の必要性
- ●以上のことから生じる「地域生活課題」（注 社会福祉法第4条第3項）として、複合多問題の世帯への対応、孤独・孤立への対策、保健医療の連携に加え、教育、居住、就労、まちづくりをはじめとした広範な分野との連携が求められる課題の増大

また、以上の状況に対する行政、専門職、地域の担い手に次の課題が生じています。

- ●一人ひとりに対する総合的な対応に対して、専門職、地域、行政ともに担い手の減少と不足
- ●脆弱性（バルネラビリティ）を有する人々の増加による伴走型支援の必要性と支援方法の開発
- ●これまでの制度対応では困難な問題の増加（地域生活課題）の対応に苦慮する福祉現場の職員の疲弊とその解決方法の模索

　包括的な支援体制は、以上の新たな社会の構造変化から生じる問題に対応する、社会福祉改革といえる社会福祉の体制です。

3．包括的な支援体制の整備の法的な根拠

　包括的な支援体制の整備は図1-7にみるように地域共生社会の実現の一環として位置づけられています。社会福祉法の関連条文を確認しておきましょう。

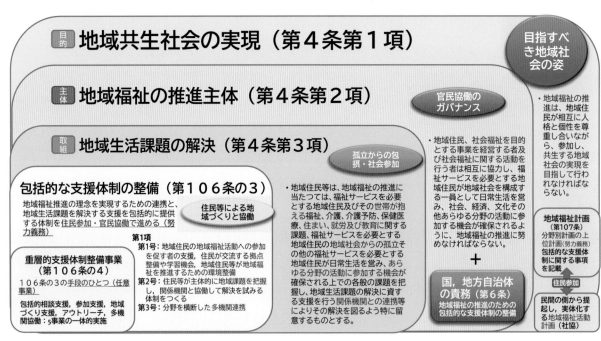

図1-7　社会福祉法における地域共生社会の理念、施策、事業の位置づけ
〇〇〇の記載は井岡による

４．重層的支援体制整備事業の「体制整備」の考え方－Ａ＋Ｂ＋Ｃモデル

　包括的な支援体制はすべての自治体の努力義務であるのに対して、重層的支援体制整備事業は任意事業です。しかし、交付金をともなう事業としてより具体的に「体制整備」の内容が理解できます。

　ここでは、包括的な支援体制整備のコンセプトを重層的支援体制整備事業の設計の考え方を通して説明します。図１-９が相談支援、参加支援、地域づくりに向けた支援の関連を示す厚生労働省の図ですが本書では図１-８で説明します。

　図１-８では、包括的な支援体制を具体的に事業化する重層的支援体制整備事業の「体制整備」の考え方を「Ａ＋Ｂ＋Ｃモデル」（以下ＡＢＣモデル）として、とくにＢ領域を体制整備としてとらえています。

重層的支援体制整備事業＝Ｂの体制を協働でつくる

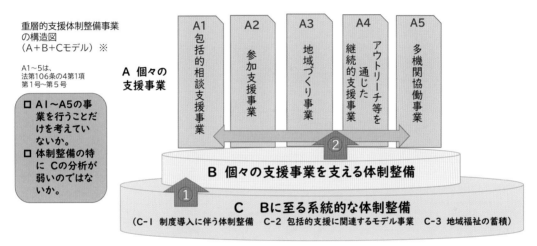

※出典：NPO法人全国コミュニティライフサポートセンター，令和３年度社会福祉推進事業「重層的支援体制整備事業による体制整備に向け市町村内の事業実施体制の評価指標の開発に関する調査・研究事業」の図に一部加筆

図1-8　重層的支援体制整備事業の体制整備の考え方（Ａ＋Ｂ＋Ｃモデル）

（１）Ａ領域：個々の事業（Ａ１～Ａ５）を一体的にとらえる（第５章参照）

　Ａ１～Ａ５は「相談支援」「参加支援」「地域づくりに向けた支援」の要素を個別に事業化したものですので、本来はＢ領域の中で一体的に連携して運用されるように検討します。

　自治体はこれまでの国の補助金の受け方として、国が示した事業のみを個別に進めようとする傾向がみられます。とくに、重層的支援体制整備事業でいえば、Ａ領域における必須事業のＡ１～Ａ５を個々バラバラに進めようとすると包括的な支援体制は整備できません。なぜなら、目的が「包括的」「重層的」な整備にあるからです。Ａ１～Ａ５はＢ領域の「体制整備」を誘導するための事業ですので、Ｂ領域の体制整備の中で連携させていく必要があります。

（２）Ｃ領域：自治体の積み上げてきた３つの蓄積から分析する（第２・５章参照）

　地域包括ケア、生活支援体制整備事業、生活困窮者自立支援制度などの制度導入に伴う体制整備（Ｃ-１）、包括的な支援体制に関係するこれまでの国のモデル事業の蓄積（Ｃ-２）、地域福祉計画に

よる社会福祉を目的とする事業やボランティアや地域住民による自発的な社会福祉活動としての地域福祉の蓄積（C-3）など、これまで自治体が積み上げてきた社会福祉の蓄積を振り返り、B領域に生かす事業、活動を抽出します。そのため、C-1〜C-3の事業の抽出の前提となる基礎作業として自治体のセルフチェックを行います（第2章参照）。

（3）B領域：3つの協働を連結させた体制整備を行う（第4・5章参照）

　B領域の「個々の事業を支える体制整備」＝包括的な支援体制、重層的支援体制整備事業は、端的にいえば、3つの協働（ネットワーク）を充実させることです（P7 図1-3）。3つの協働とは、①行政・専門職（機関）間のネットワーク（庁内連携と多機関協働）、②住民と行政・専門職のネットワーク、③住民間のネットワークであり、これらが連結した体制の整備が重要です（第4章参照）。

表1-2　3つの協働

1	a）庁内連携
	b）多機関協働
2	住民と行政・専門職のネットワーク
3	住民間のネットワーク

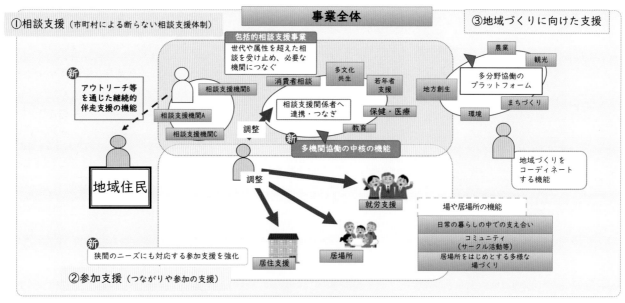

図1-9　重層的支援体制整備事業（イメージ）

【図1-9の厚生労働省の説明】

○新たな事業を行う市町村は、地域住民や関係機関等と議論しながら、管轄域内全体で包括的な支援体制を整備する方策を検討する。

○市町村による相談支援の機能に繋がった本人・世帯について、複雑・複合的な課題が存在している場合には、新たに整備する多機関協働の中核の機能が複数支援者間を調整するとともに、地域とのつながりを構築する参加支援へのつなぎを行う。

○また、支援ニーズが明らかでない本人・世帯については、相談支援の機能に位置づけるアウトリーチによる支援など継続的につながり続ける伴走支援の機能により、関係性を保つ。

○これらの機能を地域の実情に応じて整備しつつ、市町村全体でチームによる支援を進め、断らない相談支援体制を構築していく。

○また、地域づくりに向けた支援を行うことにより、地域において、誰もが多様な経路でつながり、参加することのできる環境を広げる。

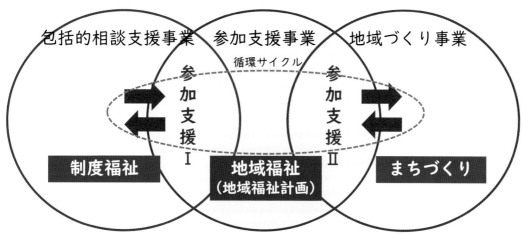

①制度福祉間の協働、②制度福祉と地域福祉との協働、③地域福祉と地域づくりとの協働

※NPO法人全国コミュニティライフサポートセンター，令和3年度社会福祉推進事業「重層的支援体制整備事業による体制整備に向け市町村内の事業実施体制の評価指標の開発に関する調査・研究事業」の図を一部改変し、追記している。

図1-10　相談支援、参加支援、地域づくりの一体化の理解

表1-3　図1-10の3つの支援の考え方

①相談支援 （包括的相談支援）	・断らない総合相談支援体制（包括的相談支援体制）づくり ・「総合相談窓口」の設置ありきではなく、庁内連携と多機関協働を優先させた、断らない、漏らさない相談支援のネットワークづくりが求められます
②参加支援	・参加支援Ⅰ：孤立し社会とつながりがない人への社会参加への支援（相談支援の延長＝相談支援の「支援」の目的が社会参加への支援として明確になっています） ・参加支援Ⅱ：居場所や就労などの社会に参加できるための資源（社会参加資源）づくりや誰も排除しない地域の共同意識の醸成などが含まれます（地域づくりの延長）
③地域づくりに 向けた支援	・多文化共生、多世代共生、孤立と排除のない、誰もが何らかの役割をもって社会に参加できる地域共生社会づくり ・そのため、まちづくり全般と連携した福祉のまちづくりを進めます ・参加支援との関係でいえば、参加支援Ⅱに該当します

表1-4　図1-10の3つの支援の関係

①3つの支援を一体的に進めることが「重層的」という意味です。
②地域づくりは生活の基盤となります。地域から生じる問題を地域という暮らしの場で早期発見、早期対応し、事後的対応にならず、地域で暮らすことを可能にする地域づくりを地域住民と専門職、行政が協働してつくることを目指します。
③相談支援は参加支援と一体的に取り組みます。その支援目標は「社会参加」です。
④参加支援は社会福祉法第4条第2項に規定された地域福祉の目的である「参加する機会の確保」に該当する事業といえます。このように、参加支援は相談支援と地域づくりを結ぶ事業（領域）としての「地域福祉」の領域です。したがって、地域福祉計画において進められる領域です。

　図1-10の3つの円を住民向きにわかりやすく示した図が図1-11です。地域から孤立している当事者が、専門職と当事者に共感する地域住民とともに社会への参加に向かいます（左の矢印）。一方で、自分の幸せを願う私発の動機から家族の幸せ、みんなの幸せを願う地域住民による地域づくりによって、孤立しない地域づくりが目指されます（右の矢印）。この二つの円（地域福祉と地域づくり）が一つの円になる中央が地域共生社会（多文化共生、多世代共生、社会的包摂社会）です。

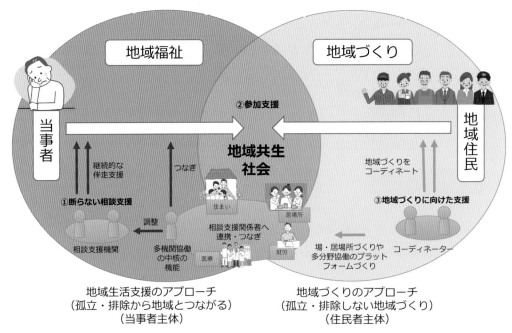

図1-11　地域共生社会をつくる２つのアプローチ（相談支援・参加支援・地域づくり支援の位置理解）

例えば、これらの３つの支援の連結例は右の地域ケアシステムの骨組み（スケルトン）の図1-12として構想されます（第３章参照）。また、この図を描く作業の具体例である図1-13は第４章で「ネットワーク形成図」として解説しています。

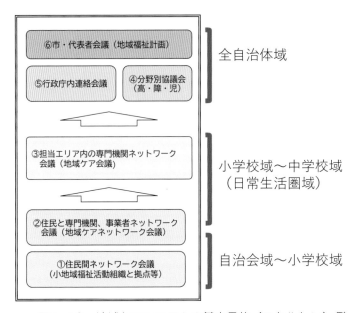

図1-12　地域ケアシステムの基本骨格（スケルトン）例

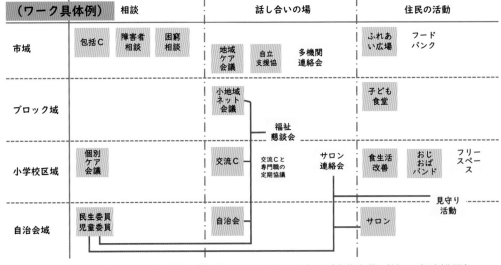

図1-13 ネットワーク形成図（地域ケアシステム図）の基礎作業（第４章連携図）

（4）包括的な支援体制（重層的支援体制整備事業）の構築と進行管理

　包括的な支援体制（重層的支援体制整備事業）の構築と進行管理は地域福祉計画の中で設計し、重層的支援会議と地域福祉計画の進行管理などでの協議の中で進化させていきます。（第5章で解説）

5．体制整備を進めるうえでの考え方
－チーム形成と協働、リノベーション、プロセス（過程）志向－

　本章の終わりに、包括的な支援体制の整備を進めるうえでのコンセプトを説明します。

（1）チーム形成と協働（福祉分野別の包括化から福祉分野間＋αの包括化へ）

　「包括的、重層的」な支援体制整備は、個々の住民や地域に対して総合的に対応するための体制整備です。そのため、これまでの縦割りになりがちな法令順守行政から生活課題優先行政としての横断的、総合的な体制への転換が必要です。

　これまで、各福祉部署は担当する制度の運用において分野別の取り組みを充実させてきました。それは日本の福祉制度が属性別制度であるという法的な枠組みが変わらない限り今後も継続します。しかし、そのことが社会の構造変化に対応できず制度の狭間の問題を生み出しています。これへの解決策が包括的な支援体制の整備であり、そのテーマは「福祉分野間の包括化」です。また、福祉分野に加え、＋αとして、教育、住宅、就労、地域振興施策などとの連携が求められています。したがって、この体制整備は担当部署だけが進めるのではなく、関連部署及び社会福祉協議会、社会福祉法人施設、NPO等の関連団体がチームで進める体制の構築が体制整備において重要です。

　なお、さらに大きな視点でいえば、人口減少、少子高齢化の進行がとまらない限り、地域、事業者、行政、あらゆる分野で担い手不足が起こります。

　それへの自治体の解決策は地域住民・事業者・行政の3者の協働です。福祉行政運営でいえば、地域福祉からローカルガバナンス（協働型ガバナンス）を形成するという、最先端の行政運営課題といえます（第5章参照）。

（2）リノベーション（これまでの蓄積を生かす）

　包括的な支援体制は「地域生活課題」に対応できない、これまでの福祉制度の機能不全への対応という意味では福祉改革であるという意識が重要です。しかし、その構築にあたっては（1）で述べたように刷新（イノベーション）ではなく、これまでの制度福祉と地域福祉（自発的福祉）の蓄積を十分に踏まえた協働による体制づくりを考える「再設計（リノベーション）」の取り組みです。

（3）プロセス（過程）志向（試行錯誤しながら変化し続ける体制）

　1（P6）で説明しているとおり、包括的な支援体制はセーフティネットシステムという地域ケアシステムの一種といえます。それは、地域社会におけるニーズ（地域生活課題）の変化に応じて絶えず変化、成長し続けていくしくみ（体制）です。

　また、その過程は、「制度運用」ではなく「連携協働形成」の過程ですので、試行錯誤を繰り返しながら構築しつづける取り組みといえます。

コラム1　コミュニティソーシャルワークとコミュニティワーク

　コミュニティソーシャルワーク（CSW）は 1982 年にイギリスで提唱された社会福祉の実践方法です。日本では 2000 年頃に輸入されました。理論的にはケースワーク（個別援助）、グループワーク（小集団援助）、コミュニティワーク（地域援助）を状況に応じて自由に使いこなすミクロからマクロまでの社会福祉の統合化実践と定義できます。とくに「個別支援と地域支援の一体的支援」として紹介されています。しかし、個別支援は「個人」に向かう実践であり、地域支援は「地域社会」に向かう実践ですので、この二つの実践は右脳と左脳ほどに頭の働かせ方や実践方法が違います。したがって、実際の CSW は個別支援の方に偏りがちになります。

　それは A さん個人への援助の延長として A さんが暮らす地域に働きかける「地域生活支援」という個別援助であるといえます（図の A の領域）。その限りにおいて、「個別支援と地域支援の一体的支援」であるといえます。この実践者は、分野横断的な制度の狭間に対応する福祉相談員として、コミュニティソーシャルワーカーや地域福祉コーディネーターという固有名詞として自治体が単独で配置する場合があります。また、地域生活を支援する地域包括支援センターや障害者相談支援の福祉相談員も分野別のコミュニティソーシャルワーカーと言えるでしょう。

　一方、コミュニティワーク（CoW）はイギリスの地域組織化（社会開発）に地域ケアの組織化を含んだ方法として 1970 年代に日本に紹介されました。日本では戦後に社会福祉協議会の方法論としてコミュニティオーガニゼーション（地域組織化）がアメリカから輸入されました。その後、80 年代からは、在宅福祉（地域ケア）の開発が重視されだし、地域福祉の実践方法として「コミュニティワーク」という呼び名に代わりました。

　また、CoW は社会福祉職員の実践だけでなく、まちづくりや保健師などの地域に関わる他の専門職や、なにより地域住民リーダーが使う技術として広い範囲で使われます。

　その意味では社会福祉領域だけでなく、社会福祉とまちづくりがつながる地域づくりの実践方法といえます（図の B の領域）。

　先ほど、CSW と CoW は右脳と左脳ほど思考方法が違うと言いましたが、右脳と左脳で一つの頭です。したがって、理論上での統合化実践としての CSW を一人の万能選手の実践としてめざすより、個別支援重視の CSW のワーカーと地域支援重視の CoW のワーカーが連携して、一つの機能として理論上の CSW 機能を果たすという考え方が妥当だといえます。また、自治体単独で設置されているコミュニティソーシャルワーカーや地域福祉コーディネーターも「個別支援と地域支援」の間でどちらを重視した担い手として設置するかを、地域福祉計画や包括的な支援体制の構築のなかで検討する必要があります。

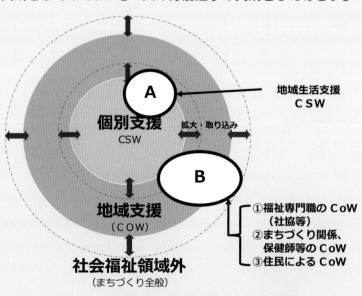

図 1-14　地域福祉実践における CSW と CoW の関係

コラム2　チームの協働を阻む意識
－もうできているんじゃないか問題といつまでするのか問題－

1.「もうできているんじゃないか」問題―3つの視点の点検

　包括的な支援体制の構築に対して、庁内の関係者からは次の消極的な意見が出されることもあります。その代表的な意見が「もうできているんじゃないか」という認識です。これには2つの段階があります。1つは、「各制度内では担当者が十分に対応している。制度を越えることは仕事ではない」という認識です。もう1つは、「すでに他部局とは日常的に連携できている」という認識です。この2つの認識に対しては、社会福祉法第4条第3項に規定される「地域生活課題」が規定している新たな課題から点検してみましょう。その最低限の点検の視点は次の点検の視点です。これは、庁内連携会議や重層的支援会議等での多機関協働によるケース対応における、最低限の点検項目です。

> ①複合する多くの課題を抱える家族支援
> ②保健医療福祉の連携だけでなく、教育、居住、就労などとの連携
> ③孤立への対応と地域づくり、住民との連携と予防的対策

　例えば、要保護児童のケースなどは、子どもの問題として家庭児童相談所と教育機関との間で対応しています。しかし、その親や兄弟の支援を一体的に対応しているでしょうか。

　家族支援として捉えれば、教育はもとより、居住、就労との連携も出てきます。また、虐待などの緊急対応は除き、心配な家庭の子どもは地域や民生委員・児童委員、保護司が見守っていることが多いですが、地域との連携は個人情報保護の問題を克服して連携がとれているでしょうか。地域との連携がとれれば、限りなく予防的対策に近づきます。

2.「いつまでするのか」問題－行政と民間の意識の乖離を防ぐ

　「もうできているんじゃないか」問題と関連して、行政担当者、相談支援の担当者が抱える支援の困難性の一つは「継続的支援」という「いつまでするのか」問題です。この支援の問題を提起しているのが厚労省による図1-15です。

　これまでのケース対応の多くが左側の「具体的な問題解決を目指すアプローチ」です。すなわち、制度運用をもって問題解決とみなす考え方です。地域生活支援とは看取りまでの息の長い支援ですが、これまでは制度やサービスにつなげることで一定の解決（終結）とみなされていきました。しかし、包括的な支援体制における支援は生活困窮者自立支援に代表されるように、右側の「つながり続けることを目指す支援」を必要とするケースが増えてきています。この支援を「伴走型支援」と呼びます。

　このことは、次の課題を生じさせています。それは左側の対応で終結したとみなす行政担当者と右側の対応に直面する現場の相談支援ワーカーとの意識の乖離です。この場合、行政の担当者は、右側の支援を委託先の相談支援ワーカーだけの問題にせず、その対応を共有する取り組みが必要です。これが「庁内連携」と「多機関協働」の2つの協働のあり方です。

図1-15　問題解決型支援と伴走型支援の関係

3.「つながり続ける支援」が可能なチームづくり

　しかし、その課題が行政担当者と委託先の相談支援機関と共有されても、両者の疲弊は解消されません。「継続的な伴走型支援」が可能な体制を作り出す取り組みが必要です。この場合、伴走型支援とともに寄り添い型の支援をチームで実践する体制構築や支援方法の開発が求められます。この実践をソーシャルサポートネットワークと呼びます。

表1-5　伴走型支援（つながりつづける支援）とソーシャルサポートネットワークのメンバー

●生活困窮者自立支援相談員　　●民生委員・児童委員、保護司等 ●各種相談支援員／保健師／ケアマネジャー／教員等　　●ボランティア・地域活動者 ●ホームヘルパー等のケアワーカー　　●見守り支え合い活動を行う近隣・地域住民 ●当事者組織（当事者）／ピアカウンセラー

　例えば、表1-5のように、庁内連携、多機関協働による相談支援だけでなくケアワーカーを含めた行政、専門職の協働とともに、民生委員・児童委員、保護司、当事者、ボランティア、地域住民との協働チームによる、当事者本人を中心とした「寄り添い型」の社会関係支援としてのソーシャルサポートネットワークの取り組みを開発する必要があります。そのことが福祉コミュニティづくりにつながります。

　なお、この支援の理念は「権利擁護」と「市民社会としての地域共生社会」を共通基盤におく必要があります。

事例２　都道府県による後方支援の展開（広島県・広島県社会福祉協議会）

　広島県の重層的支援体制構築に向けた都道府県後方支援事業（以下、後方支援事業）は、2020（令和２）年度から３年間、委託事業として広島県社協に専任職員を配置し、研修と自治体個別訪問、モデル事業の実施などに取り組んできました。2023（令和５）年度は、研修と自治体個別訪問を実施しています。

　市町の体制整備を推進するための戦略的な方法と内容において、広島県の特記すべきことは次の３点です。第１は、各地の包括的な支援体制の整備に向けた試行的研修プログラム（地域の支えあいコーディネート機能強化研修）の開発です。第２は、個のコーディネーターを養成する研修方法を改め、市町単位で行政、社協、個別支援専門職で構成するチームによる受講を要件とし地域づくりの機能強化を目指したことです。第３に、研修と並行して市町への個別訪問をセットにした後方支援方策です。

　研修プログラムは、地域づくりを基盤にした研修プログラムを設計し、本書でも解説している「包括的相談支援、参加支援、地域づくりの一体的な理解」と地域福祉を重視した全４日間のプログラムとしました。また先行する自治体や若年性認知症、発達障害、ひきこもり状態の当事者と支援者を講師に招聘し受講者に直接的な問いを投げかけるなど、受講者との双方向の研修を企画し、プログラム内容の有効性を確認しました。３年目には本書に掲載している自治体セルフチェックとネットワーク形成図の演習を試行し、その重要性を確認したところです。

　チーム受講方式にあらためた研修方法は、とくにチーム編成権を持ち、リーダーシップを担った行政に主体性の強化が図られました。また、行政と民間機関のチームメンバー相互の学びの振り返りとその成果の共有により、受講者に「地域と協働する」意識が芽生えるなどの変化を生みました。

　さらに、市町の求めに応じた現地での演習支援、「県、県社協、市町、市町社協による４者協議」の場と連携させた市町支援では、現場の不安や模索状況をよく理解しつつ、４者の目線合わせを大事に取り組みました。

　これらの総括的な後方支援策により、包括的な支援体制づくりの事業実施の可能性のひろがりと事業実施の気運の高まりがみられ、チームを派遣した自治体数は初年度の 2020（令和２）年度と比較して、2021（令和３）年度では前年比 1.9 倍増（県全体市町の 56％），2022（令和４）年度は県全体の 83％の 19 市町が派遣するに至りました。

　重層的支援体制整備事業の実施自治体も 2023（令和５）年度時点で４市、移行準備事業は７市町で計 11 市町が包括的な支援体制づくりに着手しました。また小規模人口の複数市町でも 2024（令和６）年度以降の実施を検討するなど主体的な体制づくりが推進されています。

　今後、さらなる体制整備にむけて，自治体のニーズに応じた伴走支援が求められます。そのため、セルフチェックから気づく課題をどのような状態に目指してゆくのか、関係者の丁寧な意識合わせが求められています。

第2章　自治体のセルフチェック

1．セルフチェックの考え方

（1）社会福祉・地域福祉の蓄積を振り返る

　自治体セルフチェックシートのコンセプトは、これまで説明したＡＢＣモデルの構造を理解したうえでＣの部分（これまでの自治体の積み上げ）から点検することです。

　そして、包括的な支援体制の整備に向けて何か新しいものをするのではなく、これまでしてきたこと、できていることを組み直して再設計するリノベーションの考え方が重要です。ＡＢＣモデルで言えばＣ部分を丁寧に振り返りＢのあり方を確認します。

　このチェックを通して、それぞれの自治体の地域福祉の推進機能の強化、既存事業の強化につなげられるようにストレングスの視点を持ってＢＣを確認することが重要です。

自治体セルフチェックシート解説（コンセプト）

1　コンセプト：ＡＢＣモデル／リノベーション／チーム点検
2　今までの自治体の積み上げの点検（Ｃの点検からＢに活用できる事業の洗い出し）
3　Ｂの体制整備を考える（福祉のリノベーション：近未来への再設計）
4　上記の点検のうえでの５事業の組み合わせと人の配置

【点検する主要施策】
①地域福祉計画の成熟度
②地域包括ケアシステムと生活支援体制整備事業
③生活困窮者自立支援事業
④子ども、障害者施策
⑤社協の地域福祉活動計画（地域づくり）

（2）包括的に検討するチームの必要性

　再設計の視点でいえば、関係機関を含め可能であれば地域住民を含めたチームで点検することが重要です。しかし行政だけでなく地域住民、委託事業者、関係機関が加わった点検においても、それはあくまでも関係者による自己点検であり客観的評価ではありません。自己点検後に、他者（都道府県、都道府県社協、学識経験者）による意見とも突合させ、課題の整理と今後の対策を検討することがさらに検証の質を高めることになります。市町村の包括的な支援体制の整備に向けた都道府県による後方支援（重層的支援体制構築に向けた都道府県後方支援事業）による伴走支援のツールとしても活用し、チェック項目そのものも見直すべきところは修正して実態に合った内容とします。

　また、チェック作業はこれまで構築されているネットワークやこれからさらに拡大されるネット

ワークづくりを構築するための大事な作業です。ネットワーク構成員の創造的な視点（姿勢）での検討を期待します。

（3）チェック項目

　チェック項目は全部で11項目です。11番目の項目は全国の災害被災地で設置された地域支え合いセンターの取り組みが重層的支援体制整備事業において重要な教訓であることから、「地域支え合いセンター」の項目を加えています。

　チェックシート（P31～P33参照）のように、チェック作業は単に現状を確認する作業ではありません。一つ一つの項目をどのように評価するのか、体制整備に資する蓄積はないのか、その現状を体制整備に向けてどう改良改善するのかを検討する作業が重要です。以降、各項目についてその解説をします。

表2-1　自治体セルフチェック項目

【地域基盤】
1　地域福祉計画に包括的な支援体制の整備の検討についての記載がされていますか？　策定期間中の場合は見直しがされていますか？
2　地域福祉計画、各分野の福祉計画に記載された施策は、地域の変化（少子高齢化、人口減少など）を意識した対策になっていますか？
【地域づくり】
3　生活支援体制整備事業を高齢者だけでない福祉の地域づくり施策として検討していますか？
4　生活困窮者自立支援事業における居場所や中間的就労の場づくりは進んでいますか？
5　まちづくり部署と地域づくりについての連携に向けて話し合ったことはありますか？
【庁内連携・多機関協働】
6　高齢・障害・児童・困窮の各分野の重複ケース・孤立対応ケースの洗い出しは行いましたか？
7　生活困窮者自立支援事業を中心（または契機）にした庁内連携会議は機能していますか？
8　制度の狭間の事例や地域生活課題に対応するため、民間の相談支援機関、社会福祉法人連絡協議会等が横断的な連携や交流する場はありますか？
9　地域包括ケアシステムと包括的な支援体制の連携を話し合いましたか？（介護保険部署と地域福祉部署）
10　以上の点について（とくに地域づくりについて）、社協の地域福祉活動計画で検討されていますか？
11　地域支え合いセンターの実績・成果を今後に生かす検討をしましたか？

２．11 項目の点検の視点

自治体セルフチェックシートの視点を簡単に説明します。

1	地域福祉計画に包括的な支援体制の整備の検討についての記載がされていますか？ 策定期間中の場合は見直しがされていますか？	行政や関係機関と合意し協働するための基になります。包括的な支援体制の整備は地域福祉計画に位置づけるよう、法で規定されています（社会福祉法第 107 条第 1 項各号）。

包括的な支援体制の整備は 2019（平成 30）年の改正社会福祉法で規定されました。

したがって、それ以前に策定された地域福祉計画には記載されていません。その場合にも、当該自治体の関係団体や関係機関で構成される策定委員会あるいは計画の見直しプロセスで、当該自治体全体の福祉のリーディングプロジェクトとして具体的な実行施策を含んだ「包括的な支援体制」が記載されるように検討しましょう。さらに重層的支援体制整備事業を実施する場合は、その進行管理と地域福祉計画の検証評価を同時にするなどの工夫をしましょう（第 5 章 P76）。

事例３　地域福祉計画の質を高める（広島県廿日市市）

重層的支援体制整備事業に着手する際、廿日市市の原動力となったのは「地域福祉の推進」です。

廿日市市では、庁内の関係所属や市社会福祉協議会が参加し、地域福祉の推進について議論し実践につなぐ「地域福祉推進会議」を開催しています。

きっかけは 2015（平成 27）年度の「第 2 期地域福祉計画」の策定時です。

地域福祉の推進に向けたバックアップが行政の役割であると考え、こうした地域の福祉を育てていく取り組みは、どの分野にもかかわりのあることとして、福祉部門の各所属はもちろん、地域づくり、交通、住宅、教育、産業など他部門の所属に参加してもらう会議を設置し、当時は、計画を策定するための会議（「地域福祉計画策定班会議」）としてスタートしました。

この会議では、各所属が業務を通じて把握している地域課題から、目指したい地域の姿をイメージし、そのために果たすべき行政の役割を議論するなどプロセスを重視しながら、計画に必要な素材を抽出していきました。

このプロセスをさまざまな分野の職員同士が体感する中で、「こうした会議は今後も必要だ」という声が参加した職員から多くあったことから、策定後においては、地域福祉推進のための場として残し、「地域の現状や暮らしの課題を共有し、所管する分野を超えてお互いの取り組みについての理解を深め、必要に応じて柔軟に連携できることを目指す会議」として現在も定期的に開催しているところです。

この会議を通じて、分野別の取り組みや課題の共有のほか、職員間における相互理解のきっかけとなり、地域福祉が「市民の暮らしの基盤」として重要であることの理解が少しずつ進むとともに、それぞれの業務においても地域福祉を意識することにもつながりつつあります。

これまで「地域福祉推進会議」に参加してきた延べ約 500 人の職員が、分野横断的な連携の価値に触れてきたことになります。この蓄積が、2021（令和 3）年度から県内で一早く重層的支援体制整備事業に取り組むこととなった廿日市市での「重層的支援体制整備事業」の土台となったと言えます。

2	地域福祉計画、各分野の福祉計画に記載された施策は、地域の変化（少子高齢化、人口減少など）を意識した対策になっていますか？	取り巻く環境の変化（少子高齢化・人口減少・単身世帯の増加など）を意識して、各計画間の共通事項と、地域と行政が協働して取り組む事項を確認し、包括的な支援体制の機能強化に結びつけるという作業が必要です。

　地域福祉計画だけでなく、高齢分野、障害分野、児童分野などの３ヶ年ごとの行政計画の見直しの際、将来予測に基づいた地域の変化を意識した計画にすることが重要です。とくに、それぞれの分野で他分野と地域との連携協働をどのように行ってきたのかなどを点検し、体制の整備に結び付けられる取り組みを確認します。

　その際、自治体職員、専門職は通常は課題分析を中心に作業を行います。しかし、形のない未来をこれから作っていくためには、課題分析だけではなく、できていることを最大限評価しながら、それを伸ばしたり繋げたりすることを重視して取り組む視点が大切です（ストレングスモデル）。

3	生活支援体制整備事業を高齢者だけでない福祉の地域づくり施策として検討していますか？	生活支援コーディネーターが地域のニーズに応じて、高齢者に特化せず、多世代多様な属性をもつ地域住民を対象にした活動を展開することが求められています。

　これまで自分たちが取り組んできた地域づくりの抽出作業として、まずは生活支援コーディネーターを配置する生活支援体制整備事業に着目してチェックします。包括的な支援体制、重層的支援体制整備事業に結び付く取り組みがどのようにあるのかを評価しましょう。第１章でふれたリノベーションの作業です。

　生活支援体制整備事業が介護保険制度の制約の中で取り組まれている地域もあれば、介護保険に捉われない事業展開として認めている県もあります。そうした地域では、高齢者に特化しないで多様な属性をもつ住民に対象を広げる中で、高齢者の暮らしを豊かにする視点からの実践が進められています。例えば、地域での子ども食堂づくりに高齢者が生き生きと社会参加して子どもたちと一緒に食事をする事例です。従来のように高齢者の食事会に子どもが参加するという形態より、地域や高齢者、子どもにとって有益で望まれる場づくり、地域づくりです。高齢者も子どもも元気になる社会をつくる視点と発想で考えたいところです。

　重層的支援体制整備事業の展開では、まさにそうした全世代型に取り組んでいく必要があります。
(P24 コラム３ 参照)（P46 第３章 社協による地域づくり診断及び生活支援体制整備事業診断 参照
第３章４-（1）－１）

4	生活困窮者自立支援事業における居場所や中間的就労の場づくりは進んでいますか？	生活困窮者が社会とのつながりを実感し、主体的な参加ができるように、居場所や就労訓練事業（いわゆる中間的就労）の場づくりが取り組まれていることも地域づくりの重要な取り組みです。 また、障害者福祉でのこの分野との連携も考えてみましょう。

　生活困窮者自立支援事業は解釈の幅が広い事業です。自治体の担当者の柔軟な判断が可能で、自治体の事業のあり方も多様化しています。生活困窮者自立支援事業での居場所づくりや中間的就労の場づくりでは、難しい局面もありますが、地域づくりや障害福祉などの関係領域との連携の中で、参加支援の資源づくりとして検討しましょう。

コラム3　全世代型の生活支援体制整備事業

　生活支援体制整備事業における生活支援コーディネーター（地域支え合い推進員。以下、ＳＣ）の働きは、介護保険にとどまらず今後全世代的に活動することが、包括的な支援体制の中では求められます。

　介護保険制度の「給付」とともに重要な「地域支援事業」の中には、「介護予防・日常生活支援総合事業」、「包括的支援事業」、「任意事業」があります。「生活支援体制整備事業」は、「包括的支援事業」の中に位置づけられ、すべての自治体で取り組まれるべき重要な施策です。具体的には、コーディネーターの配置、協議体の設置等ですが、多くの自治体で悩ましい状況が見られます。ＳＣが地域の生活課題を把握すると、高齢者や介護領域にとどまらない全世代にわたる諸課題が確認されますが、その対応に介護保険事業の制約が生じているからです。

　とくに、包括的な支援体制を整備する計画を持たない自治体では、介護保険の生活支援体制整備事業という制度に縛られた運用となっているようです。そのため、ＳＣが多職種多機関と協働しようとしても、行政的にはＳＣの動きに制約をかけざるを得なくなっています。

　自治体によっては、認知症高齢者の就労支援をきっかけに、地域の高齢者とNPO法人・学生ボランティアがコラボした取り組みを行政が後押ししています。生活支援と介護予防を実現している事例などは数多く、全世代型の取り組みになっています。

　地域の高齢者の生活を支えるためには、年齢や障害などで対象者を限定しない見守りや交流活動が必要ですし、地域の関係者が揃って地域づくりに取り組む市民参加の環境が必要です。そして、その共通認識を持つことが出来るような場づくり、チーム作りも必要です。

　地域包括ケアシステムは、すべての自治体で取り組まれており、包括的な支援体制の整備において大切な核です。行政において縦割りの境界線を作っては自ずと対策の限界と向きあうしかありません。とくに中山間地域を抱える小規模な自治体では、行政総体で地域生活課題に向き合うため、まずこの「生活支援体制整備事業」のあり方から検討することもひとつの方策と言えます。

5	まちづくり部署と地域づくりについての連携にむけて話し合ったことはありますか？	福祉のまちづくりとして連携できる課題や場面を検討するため、まちづくり部署との連携が重要です。総合計画の策定過程も確認しましょう。

　まちづくり部署との連携が十分に進んでいないという調査結果もあり、大変悩ましい実情です。

　まちづくり部署の担当者からすれば、福祉六法の制度中心の福祉行政とどのようにかかわればいいのか分からない部分もあるでしょう。一方、地域自治組織の基盤整備を役割とするまちづくり部署においては、地域福祉という住民参加に広げた福祉行政とは地域の目標を共有できる近い関係です。住民参加の共通点から連携を模索したいところです。

　地域の生活課題は、その6～7割が住民の福祉に関することです。まちづくりの全体の領域から見ると福祉は「One of them」ですが、少子高齢化の中にあっては、文化、環境、安全防災を含めすべての分野に福祉が関連します。このように、まちづくりの地域課題に福祉課題が多くを占める状況では、この両施策間の協働を考えざるを得ません。住民にとっては広義の福祉がまちづくりの基盤になっています。地域福祉サイドも家族の縮小化、高齢化の中、住民の生活基盤である安心社会を築くためにも、「福祉のまちづくり」を考える視点で企業や地域の様々な社会資源が一緒に協働する志向性を持った話し合いの場を検討しましょう。このような観点から総合計画の策定過程を確認しておくことも重要です。

6	高齢・障害・児童・困窮の各分野の重複ケース・孤立対応ケースの洗い出しは行いましたか？	ひきこもり、ヤングケアラー、8050世帯など、SOSを発信しない、あるいは自ら相談に行けない人や世帯、フェイドアウトした事例など、「複合的な課題をもつ家族と社会的孤立」に焦点を合わせて、洗い出しとその分析を行い、この改善策を検討することが相談機能の強化につながります。

　高齢者に限らず、児童、障害、若者も含め世帯における複合的な課題をもつ事例が多く確認されるようになりました。例えば、生活に困窮している8050世帯の支援も、環境や個人因子が明らかにされず長期化すればするほど支援とのつながりも弱くなってしまい、モニタリングも十分に行われず事態が悪化することもあります。このような事例のように対応困難な事例や複合的な課題をもつ個別事例が関係各課で抱えていることが散見されます。こうした事例のマネジメントプロセスにおける課題の検討を行う洗い出し作業をします。

　また、社会的孤立の事例においては出口戦略が見えないために事例検討がされていないという課題もあります。それぞれの課題を抱える事例が各自治体でどの程度あるのか、何世帯あるのか、その数を確認することも重要な作業です。事例が地域のネットワークと結びつかず、結果として出口が見えないことの課題整理になります。どう連携すればいいのか、関係機関の連携のそれぞれの「のりしろ」をお互い考えていくことが、地域の相談機能の強化と権利擁護の基盤づくりにつながります。
（P66　ワーク「ケースの洗い出しのためのワーク」参照）

事例４　権利擁護を基盤とした支援と体制整備（広島県三原市社会福祉協議会）

　三原市は重層的支援体制整備事業を2023（令和5）年度に開始予定とし、2021（令和3）年度・2022（令和4）年度の2年間、県の補助事業「地域共生社会推進事業（アウトリーチ等を通じた相談支援事業）」に取り組みました。事業では複合的な課題がある世帯や相談に繋がっていない世帯等、15世帯を対象としました。個別支援会議には教育、弁護士、更生保護、住宅管理会社等、保健福祉分野以外の機関を含めた様々な機関が参加し、世帯全体への支援のあり方を協議しました。個別支援会議の積み重ねを通じて、これまで関わりの少なかった他分野と顔の見える関係を築くことができ、その後の相談にも繋がったのは大きな成果でした。

　また、三原市では「三原市権利擁護連携支援センター」が2022（令和4）年度に設置され、地域の権利擁護支援・成年後見制度利用促進機能強化の中核機関を担っています。地域の権利擁護ネットワーク構築の一環として「権利擁護に係る実務代表者会議」を市と一緒に開催し、地域共生社会推進事業ケースを含め、権利擁護ニーズの高いケースについて事例検討を行っています。例えば、60歳代の母（障害疑い、手帳なし）と30歳代の息子（障害疑い、手帳なし）の世帯で息子による虐待（身体的・経済的）の疑いがあるが支援拒否により関わりが持てない事例について検討しました。司法、医療、障害福祉等の多分野の実務代表者との検討を通して権利擁護の視点を改めて考える機会となりました。

　取り組みでは、地域で孤立した世帯を支援することもありましたが、この世帯を支えるために専門職と地域住民がどのように関われるのか？を一緒に考えることで進んだケースもありました。地域で生活する人を支えるということは地域住民の協力があってこそ成り立つのだと思います。

　地域共生社会に向けた体制づくりは、市と社協の共同で事務局を設置し「重層的支援体制整備に向けた事務局会議」を開催しながら協議しています。

　私達専門職は課題解決に着目し過ぎて「その人」が置き去りになっているのではないか？とハッとさせられる時があります。複合的な課題解決に取り組む時も、その体制づくりでも、「その人」を中心に置き、地域で暮らす権利を擁護する視点を忘れずに取り組んでいきたいと思います。

7	生活困窮者自立支援事業を中心（または契機）にした庁内連携会議は機能していますか？	庁内の各部署の機能をより活かすために、事例検討、情報共有、計画の PDCA の進行管理などを含め、庁内のケア会議の機能や合意形成の場として庁内の連携会議の運営と会議構成員の課題意識を含めた状況を確認します。

　2015（平成 27）年の生活困窮者自立支援事業を契機にして、行政と委託事業者と一緒に会議を設置した自治体が多くあります。これをどう活用できるか、さらには、庁内連携会議や事例を踏まえた庁内連携の動きをどう作ってきたか、包括的な支援体制のしくみに活用できるか、その点検をします。また、「支援会議」を有効に使えているかも検討しましょう。

　7番目が行政庁内、8番目は民間のネットワークに関する項目です。この二つは相互に連携し相乗作用を高める関係です。（P60 第5章 庁内連携の診断例 参照）

8	制度の狭間の事例や地域生活課題に対応するため、民間の相談支援機関、社会福祉法人連絡協議会等が横断的な連携や交流する場はありますか？	多様な社会資源、専門機関による分野横断的なネットワークづくりと、それぞれの取り組みが地域と協働できていることは多機関協働そのものです。

　行政庁内だけで考えても出口が見つからない場合が多いのですが、開発性がある民間のネットワークと交流していくと出口の支援を見つけることができます。また逆に、民間も行政庁内で制度内の連携がしっかり進めば解決が早くなる場合もあります。

　民間は行政力の高まりが見えてくるとますます取り組みが促進され、行政も民間との協働により具体的事例の解決の広がりが見えてくるという相互に好循環が生まれます。7番8番は両方育て交わるという視点が必要です。社会福祉法人の連携はこの項目に付随されるネットワークですが、これらの点検を丁寧に見てみましょう。（P68 事例9 参照）

9	地域包括ケアシステムと包括的な支援体制の連携を話し合いましたか？（介護保険部署と地域福祉部署）	先行して取り組まれている地域包括ケアシステムの多機関協働、専門職間連携、地域づくり、住民の通いの場づくりなどを全世代型の包括的な支援体制の視点から強化する（ストレングスの）視点です。

　地域包括ケアシステムはすべての自治体で取り組まれています。介護保険における高齢者を対象とし、医療介護連携という多機関協働と地域づくりを両輪にしながら進めてきました。この実績が包括的な支援体制の中でどのように活用できるかを検討する場を持ちましょう。それは、8050問題のように制度の狭間の世帯への事例をどのように連携して支援してきたかにとどまらず、さらに全世代に広がる検討として期待されます。すべての自治体において重要な点検になります。（P8 事例1 参照）

10	以上の点について（とくに地域づくりについて）、社協の地域福祉活動計画で検討されていますか？	住民による協議・協働の場（地区社協や地域自治組織など）と小地域福祉活動への支援策が包括的な支援体制の地域づくりと関連して具体的な方針・計画をもっていることが重要です。

　社協の地域福祉活動計画では、とくに地域づくりの具体的な実行計画が作成されているか、また実行手順が検討されているかを点検しましょう。地域福祉計画をコピー＆ペーストした地域福祉活動計画になっていないか、地域福祉計画における地域づくりが社協に「丸投げ」状態になっていないかなどを確認する必要があります。包括的な支援体制では地域づくりが行政の手つかず状態になることなく、社協との協議の場を設けながら小地域を焦点にあてた検討をすすめてください。（P46 第 3 章 4 参照）

11	地域支え合いセンターの実績・成果を今後に生かす検討をしましたか？	地域支え合いセンターが取り組んだ個別支援、支え合いの地域づくり、関係機関のネットワークづくりは重要な蓄積です。

　全国の災害被災地で設置された「地域支え合いセンター」では、個別支援とともに地域づくりが取り組まれました。その一定の成果について丁寧に検証されたはずです。この重要な教訓である成果を包括的な支援体制の整備にどのように活かすかを検討しましょう。

事例5　地域支え合いセンターから重層的支援体制整備事業へ
（広島県竹原市社会福祉協議会）

　2018（平成30）年7月の西日本豪雨災害では、竹原市も甚大な被害を受け、竹原市社会福祉協議会（以下、本会）は、災害ボランティアセンターを設置し、同年10月には地域支え合いセンター事業を受託しました。被災者宅等への個別訪問や見守り・生活支援・地域交流の促進等の総合的な支援、そして困りごとや各種相談に対応するアウトリーチ型の支援を開始しました。アウトリーチによる継続的な伴走支援を続けていると、被災世帯から「避難先で交流がなく、日常的なつながりが持てていない」という声が聞かれるようになりました。こうした声を受け、被災者と避難先の地域住民が自然に交流する「地域コミュニティへの参加支援」として、ふれあいサロン活動の立ち上げ支援等を実施しました。個別支援から把握したニーズを地域の活動につなげていく地域づくりのプロセスの経験でした。

　地域支え合いセンターは2021（令和3）年3月に事業終了となりましたが、同年度に策定された第3次竹原市地域福祉計画では、支え合いセンターの成果と教訓を踏まえた包括的な支援体制として、重層的支援体制整備事業を活用した重点プロジェクト「地域まるごと支えあいネットワークの構築」を明記しました。本会は、2021（令和3）年度から、重層的支援体制整備事業移行準備業務（以下、移行準備事業）を受託し、2022（令和4）年度には、地域

福祉計画を具体化した本会の第4次地域福祉活動計画を策定して、小地域福祉活動基盤の強化、地域活動人材の確保などについても重層的支援体制整備事業と連動させて推進することを記載しました。

　図は、竹原市が蓄積してきた必要な会議体の関係性を、事業の展開図として示したものです。とりわけ重要な役割を持つのは、市内の4つの地域包括支援センターのブランチが中心的に運営している小地域ネットワーク会議です。民生委員・児童委員が把握する子どもから高齢者までの気になる世帯の早期発見と対応策を検討しています。

　今後、重層的支援体制整備事業を確実に推進するためにいっそうの社協運営の体制強化が必要です。人口2万4千人の小規模自治体にあって、小さな社協ゆえの連携と総合力を高め、もとより顔なじみの関係である行政と専門職、専門職と地域住民、住民間のそれぞれの協働の橋渡しの役割をしっかりと担いたいと思います。

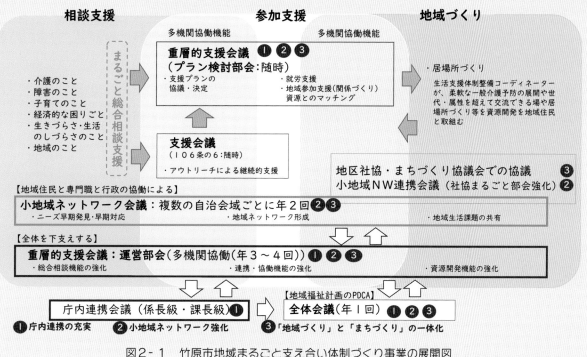

図2-1　竹原市地域まるごと支え合い体制づくり事業の展開図

3．自治体セルフチェックシート様式とワークの進め方

　包括的な支援体制の整備、重層的支援体制整備事業の実施を検討する市町村は、これまで解説した11項目のチェックシート表を使用して点検してみましょう。

　チェックシート表は、個人ワークとチームによるワークで記載できるような様式にしています。まず、チェック項目（A）ができているか否かの○×（B）の評価とともに、その所見を（C）欄に記載するところまでが担当者個人のワークになります。そしてチームで個々の記載内容を共有し、現状（D）をチームの共通認識として記載します。さらに、今後チームとして実施可能な方向性を協議し（E）欄に書き込みます。最後に、11項目の全体を俯瞰し、チームが重要と判断した項目を確認します。

　点検は、上記のように担当者個人で行うものではなく、11項目に関係する部署の職員による多領域のチームで実施しましょう。チームで行う意義は包括的な支援体制という横断的な協働スタイルを示す最初の取り組みであることと、行政組織として不可避的な「職員異動」による影響を極力最小限にとどめ体制整備の継続性を維持することです。チームによる共有した知識、価値観、今後の方策などの合意形成とその到達点の低下を防ぎ継続させることは、行政運営（ガバナンス）の重要な課題です。

　点検を試行した広島県の研修（2022（令和4）年度地域共生社会実現のための地域の支え合いコーディネート機能強化研修）では、すべての項目を記載することができない自治体が一定数見られ、自治体支援の大きな気づきとなりました。すなわち、全体を網羅して確認する管理職の役割が発揮されていないという課題が確認されたのです。各施策の担当者が記入してもなお空白の箇所がある場合、それを確認し埋めていくことが大切です。そしてその点検結果はチームのみならず関係部署として保存しましょう。仮に職員の異動があったとしても、このチェックシートを「引き継ぎツール」として活用し、随時追記し修正するプロセスを積み重ねることが必要です。

　また、行政と民間の合同のチームを編成する場合も可能な範囲で関係する相談支援やまちづくり関係機関などの多領域多職種によるチームで行ってください。官民合同チームの場合もチェックシートの活用に留意することは同様です。まず、事前準備として本書を活用した学習会から始めてください。

　それでは、第1章の「体制整備を進めるうえのでの考え方」を踏まえ、点検要領に従いワークを行いましょう。

【点検要領】

（個人のワーク）

　1．各項目の説明（A）欄を読んで（B）欄を記入しましょう。

　2．気づき、感想（C）欄にはチェックした個人的意見を記入しましょう。

（チームのワーク）

　1．各自が記入したチェックシートをチーム内で共有し、協議しましょう。

　2．現状（D）欄は、各自が知っている事柄を記入し、相互確認を行いましょう。

　3．今後の取り組みについて（E）欄の意見交換を行い、目線合わせをしましょう。

　4．以上を通して、重要度は上位5位まで数字で表示してみましょう。

表2-2　**自治体セルフチェックシート（様式）**

#	（A） チェック項目 （下欄は項目の説明）	（B） ○×	（C） 気づき、感想	重要度	（D） 現　状	（E）今後の取り組みについて 「体制整備に活用できること 　地域と一緒にしたいこと 」他部署と連携したいこと
【基盤整備】						
1	地域福祉計画で包括的支援体制整備の検討について記載がされていますか？ 策定期間中の場合は見直しがされていますか？ （チェック事項の説明） 行政機構や関係機関と合意し、協働するための基になります。 包括的支援体制は地域福祉計画に位置づけられています（社会福祉法107条第1項1号5号）。					
2	地域福祉計画、各分野の福祉計画に記載された施策は、地域の変化（少子高齢化、人口減少など）に応じてその対策が意識されていますか？ （チェック事項の説明） 取り巻く環境の変化（少子高齢化・人口減少・単身世帯の増加など）に対応した行政の機能の強化につながる体制整備という認識が必要です。					
【地域づくり】						
3	生活支援体制整備事業を高齢者だけでない福祉の地域づくり施策として検討していますか？ （チェック事項の説明） 生活支援コーディネーターが地域のニーズに応じて、高齢者に特化せず、多世代、多属性の地域住民を対象にした活動を展開することが求められています。					
4	生活困窮者自立支援事業における居場所や中間的就労の場づくりは進んでいますか？ （チェック事項の説明） 生活困窮者が社会とのつながりを実感し、主体的な参加に向かうことができるように、居場所や就労訓練事業（いわゆる中間的就労）の場づくりが取り組まれていることも、地域づくりの重要な取り組みです。					

#	（A） チェック項目 （下欄は項目の説明）	（B） ○×	（C） 気づき、感想	重要度	（D） 現　状	（E）今後の取り組みについて ┌体制整備に活用できること 　地域と一緒にしたいこと └他部署と連携したいこと
5	コミュニティ施策担当部署と地域づくりについての連携について話し合ったことはありますか？ （チェック事項の説明） 福祉のまちづくりとして連携できる課題や場面を検討する必要があり、コミュニティ施策担当部署との連携が重要です。					

【庁内連携・多機関協働】

#						
6	児童・高齢・障害・困窮の各分野の重複ケース・孤立対応ケースの洗い出しは行いましたか？ （チェック事項の説明） ひきこもり、ヤングケアラー、8050世帯など、SOSを発信しない、自ら相談に行けない人や世帯、フェイドアウトした事例について、洗い出しとその分析を行い、この改善策を検討することが相談機能の強化につながります。					
7	生活困窮者自立支援事業を中心にした庁内連携会議は機能していますか？ （チェック事項の説明） 庁内の各部署の機能をより活かすために、事例検討、情報共有、計画のPDCA作業などを含め、庁内の連携会議の現状と会議構成員の気づきを確認します。					
8	民間の相談支援機関、社会福祉法人連絡協議会等が行う、制度の狭間の事例や地域生活課題に対応する横断的な連携、交流の場はありますか？ （チェック事項の説明） 多様な社会資源、専門機関によるネットワークづくりと、それぞれの取り組みが地域で共有されていることは多機関協働そのものです。					

#	（A） チェック項目 （下欄は項目の説明）	（B） ○×	（C） 気づき、感想	重要度	（D） 現　状	（E）今後の取り組みについて 「体制整備に活用できること 　地域と一緒にしたいこと 　他部署と連携したいこと」
9	地域包括ケアシステムと包括的支援体制の連携を話し合いましたか？（介護保険部署と地域福祉部署） （チェック事項の説明） 先行して取り組まれた地域包括ケアシステムの地域づくり、専門職連携、住民の通いの場づくりを包括支援体制の視点から強化するストレングスの視点です。					
10	以上の点について（とくに地域づくりについて）、社協の地域福祉活動計画で検討されていますか？ （チェック事項の説明） 住民と協議する場（地区社協や中間自治組織など）で住民の意見を参考にして地域福祉活動計画が実効的になるよう検討します。					

【地域支え合いセンター設置市町】

#						
11	地域支え合いセンターの実績・成果を今後に生かす検討をしましたか？ （チェック事項の説明） 支え合いセンターが取り組んだ個別支援、支え合いの地域づくり、関係機関のネットワークづくりは重要な蓄積です。					

【チームで協議しての所感、気づきを記入してください。】

※重要度を付けた理由を共有し、何から取り組むか、課題となっている点など、協議をしてください。
○重要度

４．セルフチェックの試行

　このセルフチェックシートによる点検を試行した広島県内の行政職員から、以下のような意見、気づきが出されました。参考までに掲載します。

表2-3　セルフチェックの試行に対する意見、気づき（抜粋）

1	地域福祉計画	・実行可能な事業として取り組めるように、その具体的な強化策の記載が必要だ。
2	地域の変化を意識した施策	・人材不足や地域での担い手不足の意見があり、課題として取り上げている。地域住民のニーズや資源状況整理し、次の一手を検討し、行政と社協の連携を進めたい。
3	生活支援体制整備事業	・多世代型の地域づくりについては、地区担当保健師を中心に取り組んでおり、広域展開に向け、好事例の見える化や生活支援コーディネーターとの関係性の整理も必要。
4	生活困窮者自立支援事業	・社協、地域団体、民間企業等と連携し、居場所づくりや就労支援の取り組みを拡充していく必要がある。
5	コミュニティ施策との連携	・地域コミュニティの活性化や地域福祉活動の促進に向けて、好事例の見える化や、市及び市社協の関係者の具体的な役割の整理が必要。
6	ケースの洗い出し	・ケースの洗い出し及びその分析を行う作業をどのように行っていくのか教示して欲しい。
7	庁内連携会議	・庁内会議が制度説明、他自治体の事例紹介などにとどまっており、会議運営を改善したい。
8	民間他機関による連携	・会議が増えるより既存の会議を活用できるようにしたい。
9	地域包括ケアとの連携	・地域ケア会議や個別ケア会議などの検討には、それぞれ関係部署の職員が出席している。常に関係者全体で地域住民の現状や課題を検討していく考えを持ち合わせており、その姿勢は包括的な支援体制の基礎となっていると感じている。
10	地域福祉活動計画での検討	・地域づくりに向けた社協の体制強化が必要ではないか。

第3章　当事者中心の地域づくり

1. 地域づくり総論

　近年、地域包括ケア、生活困窮者自立支援、地域共生社会施策等の政策課題として、地域づくりが重視されています。しかし、地域づくりという言葉は多義的で使われ方も人により多様です。本章では包括的な支援体制の整備に向けた地域づくりについて考えます。

　なお、包括的な支援体制や重層的支援体制整備事業は、当事者への「支援の体制」が検討の中心になる傾向があります。しかし、生活（暮らし）の主体は住民、当事者ですので、この体制全般はもとより、とりわけ地域づくりは住民・当事者の主体性を中心においた推進が必要です。

（1）住民主体の小地域福祉活動の基盤づくり

　小地域福祉活動とは、住民の身近な生活の場で住民の自発的な福祉活動を通して進められる住民自治を目的とした住民主体の地域づくり（まちづくり活動）です。

　とくに自治会域は問題を抱えた世帯を早期に発見するうえで適した範囲です。身近な近隣関係の中での気にかけ合う関係があることで本人の変化やSOSに気づくことができます。また生活の制約を受けやすい虚弱高齢者や障害者、子どもにとって、生活に身近な圏域に助け合いの関係があることが暮らしのセーフティネットになります。

　図3-1のとおり、小地域福祉活動で重要なことは、図3-1の中心にある基礎的活動の①知る（調査、ニーズを集約する）力、②学び合う力、③担い手をつくる（人材育成）力、④知らせる（広報）力、⑤話し合う（協議）力、⑥ビジョンをつくる力が地域にどれだけ備わっているかです。このような力を「地域の福祉力」と呼びます。そして、地域の福祉力を蓄積し継続した取り組みを行う地域組織化が必要となります。

　また、このような福祉的な協同性の高い地域づくりのためのネットワーキングや組織化の方法をコミュニティワークと言います。制度の補完的な役割を期待する「担い手・サービスづくり」や地域を「活用」する、地域を専門職、行政側に「巻き込む」といった考えでは発展的な地域づくりは望めません。地域づくりの主体は住民であり、そのための地域の問題解決力を高め、地域という暮らしの場で、専門職、行政が住民と協働するという認識を持ちましょう。そして、その支援組織としての社協やNPOとの協働に向けて以下の（2）、（3）の視点を含めて協議を始めましょう。

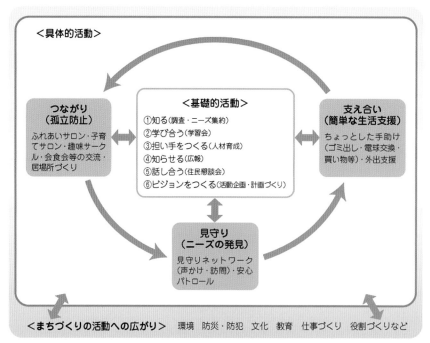

図3-1　小地域福祉活動の枠組み

住民がやるから住民主体？？

　地域福祉や地域保健、まちづくりの分野で使われてきた「住民主体」とは、住民が生活者として自らの暮らしづくりの権利主体であるという地方主権・地方自治に基づく自発的・内発的な住民自治の担い手であるという意味です。行政や専門職はその主体形成を支援することで、住民自らが内発的に取り組む地域づくりに向かうという認識を持ちましょう。

（2）孤立しない地域づくりとしての居場所や地域福祉拠点の必要性

　人口減少、少子高齢化、単身化が進む中で孤立する個人や世帯の問題が深刻化しています。多くの自治体で自治会未加入世帯が増加しており、自治会や地縁団体を中心とした地域づくりでは漏れる人の存在をカバーできない可能性があります。

　自治会未加入世帯には、子育て中の若年世帯、ひとり親世帯、外国籍住民、大学生、自治会費を納めるのが困難な困窮世帯、自治会の行事参加や役員が回ってくることを負担に思い脱会した高齢独居世帯等が想定されます。

　このような地域とのつながりが薄い世帯こそ、何かあった時に助けを求められず孤立することが考えられます。そのためには、社会参加資源としての多様な居場所づくりや住民の福祉活動拠点のあり方を考えていく必要があります。

（3）社会福祉協議会、社会福祉法人、NPOなど多様な主体との連携

　地域づくりを進めようとしても、地域には担い手の高齢化や後継者不足、地域のつながりの弱さといった問題がみられます。一方、住民主体の地域づくりによって地域の課題発見力が高まると、多様で深刻な課題が顕在化します。そのような課題の中には地域住民だけでは解決困難なものも当然含まれます。

　以上の課題を克服するためには、福祉の専門職はもとより、地域にある NPO、民間事業者、社会福祉法人、中間支援組織などの多様な主体と地域住民が地域の問題を共有して、一緒に解決できる仕組みや場づくりを検討する必要があります。

（4）まちづくり部署との連携

　人口減少・少子高齢化、単身世帯の増加に対応した地域づくりは福祉的側面だけではなく、住民の暮らす地域基盤そのものが脆弱となり、福祉とまちづくりを一体的に進める必要があります。そのためには、自治会や地域運営組織などの住民自治や市民協働の推進を所管する部署との連携が重要になります。

　ある自治体のまちづくり担当課がおこなった「身近な地域課題」に関する住民アンケートでは、以下の項目が上位にあがったことが公表されています。

- 地域活動の担い手不足・活動財源の不足
- 自治会未加入世帯の増加
- ひとり暮らし高齢者や高齢者のみ世帯の増加
- 地域のなかで世代を超えた交流が無い
- 地域の助け合い意識の低下
- 子どもを預かってくれる人が周りにいない
- 地域の商店が減っている

　このような問題は、住民にとって共有しやすい生活上の不安であり、包括的な支援体制の基盤となる地域づくりを進めるうえでも住民と協働して解決すべき地域福祉の課題です。まちづくり部署が把握している住民の生活課題を共有する機会を福祉部署から積極的に働きかけていきましょう。

　一方、保健福祉の担当部署で把握している障害や病気、貧困や孤立等に関する問題は、地域の問題として共有化されにくく、制度と専門職だけの関わり（抱え込み）が地域の無関心や偏見、排除を助長することにつながりかねません。そのためには、人権教育や生涯教育（社会教育）、福祉教育の見直しや住民（含む当事者）と専門職、行政（福祉・まちづくり・教育など）が共に地域の問題を話し合う機会や場を福祉の側からつくっていく必要があります。

２．地域福祉のアセスメント

　地域づくりを進めるためには、まず地域をアセスメントすることが必要です。本章では包括的な支援体制の整備に向けた、（1）行政による地域づくりの基盤となる地域福祉のアセスメント、（2）圏域別の地域の協同力アセスメントについて紹介します。

3つの「きょうどう」の意味

　なお、この章では、「共同、協同、協働」の用語を使い分けています。「共同」は同じ土台で力を合わせること。「協同」は同じ目的で心を一つに合わせて協力すること。「協働」は異質な主体のパートナーシップです。後述する「地域の協同力」とは、多様な住民が同じテーマや志で力を合わせるという趣旨で記述しています。

（1）行政による地域づくりの基盤となる地域福祉のアセスメント

　地域づくりは地域福祉の10年〜20年の蓄積の上に成果が生まれます。地域づくりを行ううえで、まず地域づくりに関する体制整備の現状を網羅的に点検する必要があります。社協等の関係者と共に、まずは次の23の地域福祉のアセスメント項目について話し合ってみましょう。

【Ⅰ地域の協同力のアセスメント】

1．地域性に合わせて柔軟な地域支援ができる圏域設定（旧町域／中学校区域・小学校区域・自治会域等）になっているか見直しましょう。

2．地域特性や課題を可視化し共有するための地域のアセスメントをおこないましょう。また保健師や地域包括支援センター、社協等の既存の地域カルテを持ち寄り、それぞれの把握状況を整理してみましょう。

3．ニーズ把握やアセスメントは専門職や行政だけではなく住民と一緒におこない、地域の強みや弱みを明らかにして住民が問題解決に参加し協働できる関係を築きましょう。

4．地縁を基盤とした伝統的な組織・活動だけでなく、ボランタリーなテーマ型組織やマイノリティな当事者組織の有無や活動状況なども幅広く把握しましょう。

5．福祉以外のまちづくり分野（農・漁・商・環境・国際等）の推進機関と情報共有や意見交換の場があるか点検しましょう。

6．多様な立場の住民が幅広く参加する住民懇談会や既存の住民の話し合いの場に積極的に参加し、対話を通じて住民や当事者の思いを知り、顔の見える関係を築きましょう。

7．地域福祉活動計画や小地域福祉活動計画、地区まちづくり計画の推進状況や課題を把握し、地域づくりの官民協働の取り組みを推進していきましょう。

【Ⅱ地域支援人材ワーカーの配置や連携に関するアセスメント】

8．地域支援ワーカーと個別支援ワーカーによる、定期的な情報共有や地域支援の方向性を話し合う場があるか点検しましょう。

9．行政、社協、社会福祉法人、NPO、地域おこし協力隊など、地域づくりに関わる多様な専門人材が把握している地域生活課題を共有し、共通課題を見い出していきましょう。

10．相談支援機関、社会福祉法人、事業所の住民との協働状況を点検し、住民と協働するためのテーブルを住民の生活の場につくりましょう。

11．地域包括支援センター、行政の保健福祉担当ワーカー等が、保健福祉圏域、小学校区など

の住民の生活圏域を意識した専門職配置がされているか点検しましょう。

【Ⅲ 地域福祉の推進基盤・参加のアセスメント】

12．生活圏域にあわせて、住民の地域福祉活動推進組織（地区社協、福祉委員会、まちづくり協議会福祉部等）の組織状況、活動状況を把握しましょう。

13．住民主体の活動の意義を理解し地域の福祉力をアセスメントして、住民が必要な組織づくりや活動づくりを選択することを支援しましょう。

14．個人や地域の課題に対して住民同士が日常的に話し合う民主的な協議の場があるか点検しましょう。

15．地域の側から多様で複合化する地域生活課題を発見し、主体的に解決に向けた行動を起こすための「協議力の形成」を支援しましょう。

16．モデル事業をつくることに固執せず、地域で既にできている活動や優れた活動を評価し、それがなぜ生まれたのかを検証し、体系的に明らかにして普遍化するための条件整備をおこなう視点を持ちましょう。

17．住民の身近な範囲に誰でも参加できる集いの場があるかを点検し、認知症、ひきこもり青年、精神障害等の孤立しがちな人が参加できるか、またこれらの人が主体的に活躍できる共生型のサロン・場へと発展していけるように支援しましょう。

【Ⅳ 住民と専門職、まちづくり分野との協働基盤に関するアセスメント】

18．住民主体の協議の場や活動に専門職や行政が出向いて協働できる体制がつくれているか点検しましょう。

19．地縁組織とテーマ型の市民活動団体・NPO の情報共有や意見交換の場があるか、また、それらの協働を促す中間支援組織（または中間支援組織間の連携）の活動状況を点検しましょう。

20．地域福祉計画策定時の市民参加の懇談会やワークショップ等の進行や企画、意見集約を住民主体の地域福祉を推進し、協働を高める機会と捉えて取り組みましょう。

【Ⅴ 地域と協働するための庁内連携体制のアセスメント】

21．住民等民間社会福祉の自発的な開発性・創造性・柔軟性・先駆性のある取り組みに価値を置き、地域福祉計画への位置づけや予算措置等の条件整備が、行政の重要な役割であるという認識を持ちましょう。

22．庁内の地域福祉、地域包括ケア、地域保健のみならず、社会教育、地方創生・まちづくり等のまちづくり部署が一緒に地域に出向き、福祉のまちづくりを住民と共に取り組むという視点で事業間の連携を調整していきましょう。

23．地域と協働して包括的な支援体制を整備することの意義を庁内全体の合意とするために、首長をトップとした地域共生推進会議を設置したり、部長級、課長級、係長級、一般職員といった階層別の勉強会を開催したりしましょう。

（2）圏域別の地域の協同力アセスメント

　以下では圏域ごとに地域の協同性をアセスメントする方法を紹介します。これは、専門職や行政が包括的な支援体制を構想するうえで基本となる地域の現状を分析する方法です。また、具体的なアセスメント事例を（3）で紹介していますので続けてお読みください。

協同力アセスメントの点検ポイント

1．住民の身近な圏域で、住民による問題の早期発見と住民主体の課題解決力が高まっていますか。
2．住民や専門機関等によるあらゆる相談の受け止めと早期対応が可能となる窓口やネットワークはありますか。
3．地域課題化から資源開発できる官民の創造的・創発的なネットワークはありますか。
4．分野別相談支援機関のチームアプローチと住民と専門職の協働による地域生活支援につながる機会や場が地域にありますか。

　1〜4の要素が整備され、その機能が官民協働により発揮されることで、問題の発見から対応、出口までがスムーズにつながっていくことが包括的な支援体制を構築する要件といえます。そしてこれらの要素をゼロベースから構築するのではなく、既存の資源を大いに活用し、強化していくための現状把握を行います。

圏域別の地域の協同力アセスメントの手順

1．既存の組織・活動・ネットワーク（協議の場）が各圏域（市町域、旧町域、小学校区域、自治会域）にどのように整備されているか、またその課題は何かを明らかにします。
2．そこから住民参加の状況、多様な居場所、支え合いの活動状況、住民間、住民と専門職間、専門職間の協議の場の状況を評価することで、地域の協同力の全体像を明らかにします。
3．圏域を構造的にみることで、今後どのような地域づくりが求められるのかという輪郭が明確になり、それをネットワーク形成図（地域ケアシステム図（4）参照）として描きます。

（3）地域の協同力アセスメントの実際（広島県東広島市事例）

　東広島市社協では、第4次地域福祉活動計画（2022（令和4）年度から5か年計画）の方針検討にあたり、生活支援コーディネーターが把握する地域の状況や課題について棚卸が必要と考えました。そこで、日常生活圏域（10圏域）ごとに、生活支援コーディネーターが把握する住民ニーズや地域の現状・課題を共有するため、地域の協同力を可視化するアセスメントシートを作成しました。

　アセスメントシートは、「組織・活動の状況」（表3-1）、「話し合いの場の状況」（表3-2）の2種類を設け、組織・活動に加えて話し合いの場が機能しているかに着目することで、住民福祉活動の発展段階を確認できるよう工夫しています。また、市域・旧町域（概ね日常生活圏域）・小学校区域（概ね住民自治協議会／地区社協設置区域）・自治会域を範囲とする組織や話し合いの場を記載し、活

動状況や課題、生活支援コーディネーターの関わり・見立てを記載することで、身近な圏域から市域まで地域の状況・課題を重層的に「見える化」できる内容としています。

　10圏域ごとにまとめられたアセスメントシートをもとに、計画策定ワーキングチームと各圏域を担当する生活支援コーディネーター、支所職員、市役所関係課等が集まり、各圏域の強み・弱みといった現状の共有を行いました。とくに組織・活動・話し合いの場が各圏域でどの程度機能し、住民の生活課題がどこでどのように発見され、それが漏れなく受けとめられているか、さらにどこでそれらの問題が話し合われているかという視点で確認をすすめました。

　そうして10圏域の共通課題として「地区社協や住民自治協議会福祉部など、住民活動の中核となる組織への支援強化が必要」「地域にひきこもり、生活困窮などの課題が潜在しており、民生委員や地域活動者が心配な世帯に気づき、困りごとを発見しやすい地域づくりが必要」「自治会域等の小地域から課題があがり、小学校区や日常生活圏域の話し合いの場につながるしくみが必要」「高齢者だけでなく分野を横断した取り組みへの働きかけが必要」などの意見が出され、今後の取り組みの方向性を確認する機会になりました。また行政職員も参加することで、行政と社協の地域づくりの方針に関する共通理解が進みました。

表3-1　組織・活動の状況（記入内容は架空のものです）

番号	組織・団体	運営主体（法人名等）	圏域	種別	主な活動	組織・団体の課題	SCの関わり	SCの見立て
1	○○地区社会福祉協議会	○○地区住民	小学校区域	地縁組織	子ども食堂（通年）、住民カラオケ大会（5月）、敬老の集い（9月）、ふくしの集い（11月）、定例会議（隔月）、施設訪問（年2回）	後継者（担い手）の問題、役員の高齢化	定例会議への参加、事業のある時はできるだけ顔を出している。	地域の生活課題や福祉課題を十分に話し合うことができていない。例年通りの事業をすることで精一杯。
2	◇◇元気会	◇◇自治会の住民	自治会域	地縁組織	週1回のサロン、年1回はおでかけサロン	担い手の不足、参加者の偏り、民生委員のサロンへの参加がない	サロン講習会の時にリーダーの○○さんにお会いする。	「本当に来てほしい人に来てもらえなていない」と○○さんがおっしゃっていた。参加者が固定化し、来づらい雰囲気があるかも。
3	特別養護老人ホーム○△のさと	社会福祉法人○△会	旧町域	福祉施設（高齢）	特別養護老人ホーム、デイサービスセンター、居宅、社会貢献活動として隣接自治会の夏祭りのお手伝い	不明	協議体に施設長が参加していただいている。また、施設内のボランティア活動で社協VCが関わっている。	「介護教室の講師として、職員をサロンに出向かせたい」との希望を施設長から聞いている。地域とのつながりを模索されている。
4	○△地域包括支援センター	社会福祉法人○△会	旧町域	相談支援機関	高齢者の総合相談機関	予防のプラン作成が多く、地域に出られない	協議体の運営を一緒にしている。その他様々な会議で一緒になる。	介護予防にはとても熱心だが、住民を「サービスの担い手」として養成しようとする。まちづくりの主体は住民であるという認識を共有する場が必要。

注）SC：生活支援コーディネーター、VC：ボランティアセンター

表3-2　話し合いの場の状況（記入内容は架空のものです）

番号	会議名	主催	圏域	目的	開催頻度	参加者	SCの関わり	SCの見立て
1	○△の福祉を語る会	○△住民自治協議会（福祉部）	小学校区域	地域の生活・福祉課題を中心に話し合う	隔月開催	住民自治協議会会長、福祉部長、副部長、民生委員児童委員（4人）、福祉委員（3人）、ボランティア（3人）、福祉施設関係者（2人）、地域包括支援センター（計18人）	第2層協議体として位置づけている。	高齢者問題に意見が集中しているため、若い世代の参加者との間で意識の差が広がっている。
2	ボランティア懇談会	社協	旧町域	地域のボランティア団体のリーダーが集まり、日頃の活動の情報交換をおこなう	年1回	ボランティア団体リーダーなど（15〜20人）	担当がVCで、一緒に企画運営している。	活動のマンネリ化と高齢化が課題。
3	サロンの担い手懇談会	地区社協	小学校区域	サロンリーダーによる情報交換会	年2回	サロンリーダー、地域包括支援センター（約25人）	毎回参加して、サロンで使えるレクリエーションなど情報提供している。	見守り活動の必要性を提案していきたいが、担い手不足が課題になっている。
4	子育て座談会	子育て支援センター、NPO	旧町域	子育てサロンと同時開催で、子育ての悩みの共有をおこなう	毎月	未就学児の子育て世帯、子育て支援をしているNPO、子育て支援センター（約20人）	日程が合えば参加している。	情報共有が不足しており、状況は不明。

（4）地域の協同力アセスメントからネットワーク形成図（地域ケアシステム図）を構想する

　地域の協同力アセスメントを通して組織・活動・ネットワークの現状を明らかにした内容をもとに、ネットワーク形成図（地域ケアシステム図）を描きます。地域ケアシステムとは、QOL（生活の質）の確保と問題の早期発見・早期対応を目的として、住民と専門職が協働した総合支援のしくみです。具体的には各圏域に形成する重層的なネットワークの連結です（図1-12）。それは地域包括ケアシステムや包括的な支援体制に共通の要素といえます。

　また、その特質はオープンシステム（常に発生する新たなニーズを取り入れ、ニーズに対応したしくみに柔軟に変化させていく持続的な可変システム）で、図内の①～⑥のネットワークがボトムアップで構築されていることが重要です（第1章参照）。

　図3-2は、東広島市社協が先述の地域の協同力アセスメントの後に、小学校区域での住民懇談会や地域福祉活動計画策定委員会で住民等と協議を重ねて完成させた包括的な支援体制の構想図です。この構想図は行政とも共有され、同じ方針で包括的な支援体制の構築を目指しています。

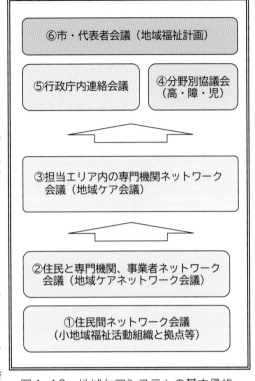

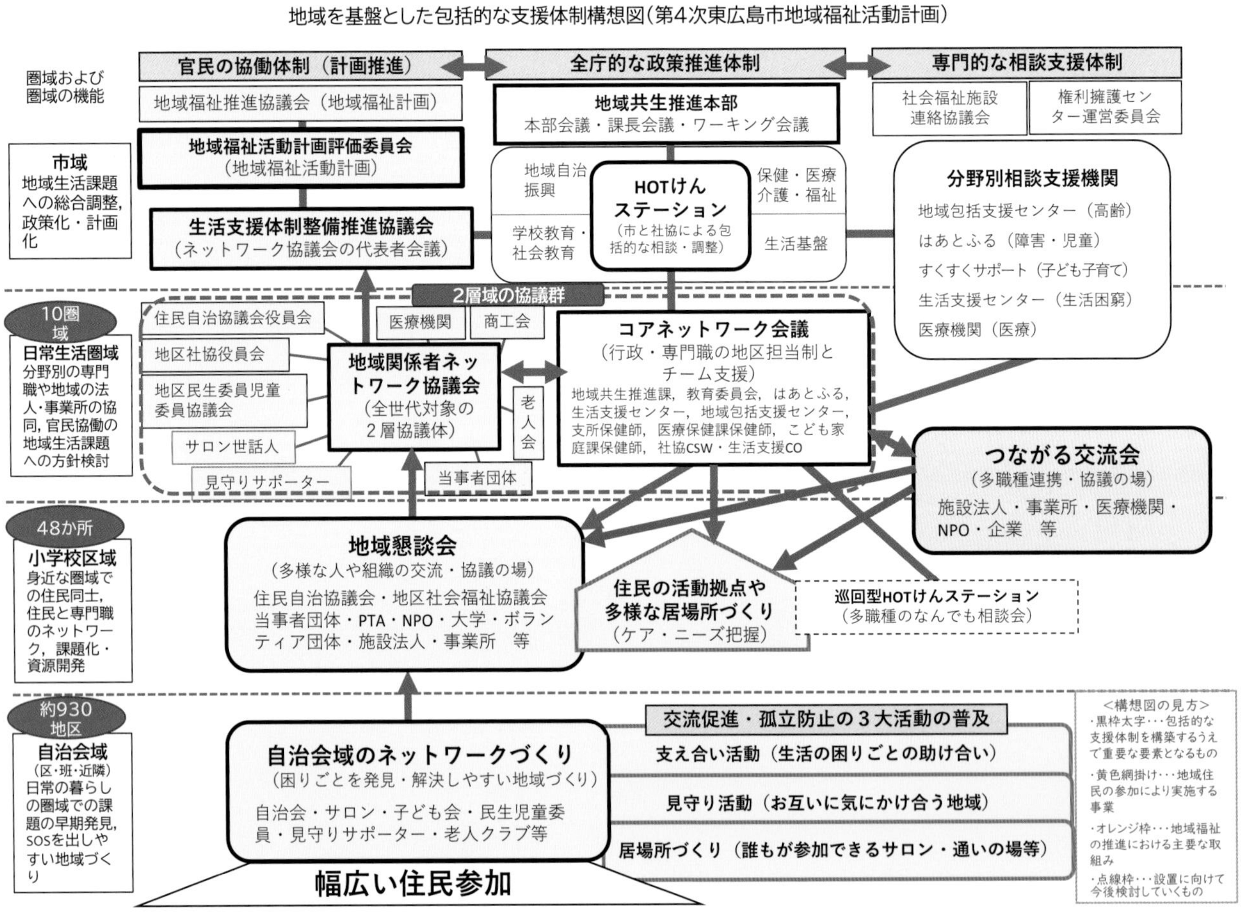

図1-12　地域ケアシステムの基本骨格（スケルトン）例

図3-2　ネットワーク形成図（地域ケアシステム図）例（東広島市社協）

３．地域生活支援

　地域生活支援は、当事者の孤立や排除状態から地域とつながる「社会参加支援」が重要です。また生活の総合性を踏まえて制度の有無に関わらず支援するためには、庁内の横断的な連携と共に制度のみの支援ではなく、当事者を中心とした住民と専門職の協働による支援を各支援機関と共有することが重要です（P17 コラム２参照）。

（１）当事者主体の意思決定・権利擁護支援、セルフヘルプグループの支援と連携

　当事者は支援対象者でもありますが、当事者は自ら、暮らしと地域をつくる主体（社会変革主体）でもあります。地域共生社会の理念に「『支え手』『受け手』という関係を超えて、地域住民や地域の多様な主体が参画し」とありますが、そこには当事者自身の参画が不可欠であり、当事者を支援される側に押し込めず当事者を真ん中にした多様性を認め合う地域づくりと地域生活支援が求められています。そのためには当事者の意思決定・権利擁護支援、当事者組織の組織化支援の体制を整備する必要があります。

　意思決定・権利擁護支援は狭義の成年後見支援を含む、権利侵害への擁護、エンパワメント支援、意思決定支援・権利行使支援といった広義の権利擁護です。広義の権利擁護は基本的人権の擁護であり「地域でその人らしく暮らす権利」ととらえれば地域福祉的対応が求められます。

　したがって、地域での早期発見、見守り、孤立しない社会関係支援、伴走型支援などとの連携、および包括的相談支援体制における中核機関と権利擁護における中核機関の相互の連携のあり方を検討する必要があります。

　また、支援の本質は当事者自らが立ち上がっていくことが重要です。そのための当事者自身の相互援助組織が、セルフヘルプグループ（当事者組織、以下 SHG と略）と呼ばれているグループです。SHG は当事者本人のエンパワメントをともなう自己変革と、社会へのソーシャルアクションをともなう社会変革が重要な機能です（P48 第３章 -4-(3) 参照）。

（２）地域づくりを基盤とした地域と協働するソーシャルサポートネットワーク

　重層的支援体制整備事業では「相談支援、参加支援、地域づくり支援を一体的に行う」ことが求められています。それは、地域づくり（メゾ・マクロ）と個人（ミクロ）の地域生活支援を統合的・包括的に支援するジェネリック（総合的）な視点が必要であるということです。

　地域づくりと地域生活支援の関係は図３- ３のように全体像を示すことができます。

　土台となる地域づくりは、住民が主体となって誰も孤立しない、課題の早期発見・早期対応につながるニーズが顕在化しやすい地域を創ることを目指します。

　土台となる地域づくりを基盤として実践される地域生活支援とは、当事者の孤立や排除状態から地域とつながる（つながり直す）社会参加への支援が重要な目的です。制度やサービスで地域から切り離さない、むしろ地域との関係を豊かにするためには、地域住民との協働による支援が専門職に求められます。

　図３- ３のＡはニーズの入口、Ｂはケース対応、Ｃはニーズの出口を表しています。Ａの入口は

潜在化しているニーズを顕在化しやすい地域にするために、地域住民、ボランティアの組織化と、当事者自らが本来持っている力を発揮するためのSHGの存在が重要です。そして、小地域福祉活動や福祉教育等による地域住民の主体的参加を高めることで早期発見・早期対応が可能となります。

　Bのケース対応は当事者と地域の社会関係を広げることを重視します。そのためには近隣、ボランティア等との協働によるソーシャルサポートネットワークを構築するとともに、本人支援だけでなく

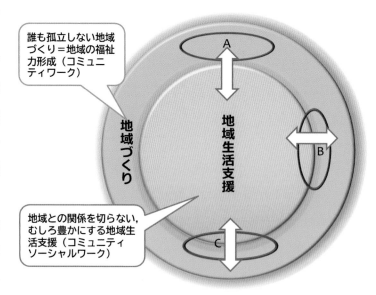

図3-3　地域づくりと地域生活支援の関係
注：関西学院大学 藤井博志教授作成に井岡一部加筆

地域住民への継続的な関わりを支援します。また、暮らし全体の支援から見えてきた地域課題を住民、関係者と共有し、地域づくりへと循環させたり、地域福祉（活動）計画に反映させたりする意識が重要です。

　Cの出口は当事者が地域のつながりの中で生きがいや役割をもって参加できるための社会参加資源の開発が必要です。資源開発には、地域開発、ネットワーク開発、ケア・サービス開発の3つの開発があり、土台となる地域づくりと共に、住民間、住民と専門職間、専門職間のネットワーク構築が進む中で多様なケア・サービス資源の開発が可能となります。

コラム4　小規模自治体だからこそ小地域を重視する

　過疎問題発祥の地と言われた中国山地の自治体は、合併により広域自治体となり、市街地と周辺地域の生活機能に著しい差を持つという課題に直面しています。この自治体の課題は、「過疎地域の持続的発展の支援に関する特別措置法」等の地域振興5法により定義された全国の「中山間地」の自治体が共通して抱えている課題と思われます。ちなみに全国の市町村のうち人口規模5万人以下の小規模自治体は7割を超え、今後さらに進むであろう人口減少に伴う自治体の機能の減退は深刻と言わなければなりません。

　広島県内の自治体や社会福祉協議会に対する包括的な支援体制の整備に向けたヒアリングや自治体セルフチェックの試行結果では、次のような意見がありました。ひとつは、「マンパワー、財源ともに弱く現状維持するしかなく、これ以上新しい仕事はできません」という意見であり、もう一つは、「既に対応困難な事例は関係部署、関係機関が連携して対応しています」という意見です。両者ともに、税収減に伴う職員縮小の影響をうけながらも、限られた労力で最大限の取り組みをしている、悲鳴に近いリアルな小規模自治体の現場の意見です。

　しかし、どんなに小規模な自治体でも、複合的な課題を持つ世帯、生活困窮の世帯は確認されます。また連携して対応できているとする事例の多くは、制度サービスにおける連携であり、制度の狭間の事例に社会参加を支援する事例までには至っていないのが実情です。

　従って、このことに気づいている多くの関係者は、現状の疲弊の中にあっても、どうにか対応できる体制を構築したいと熱心に協働を模索しています。

　小規模自治体だからといってその取り組みに奇抜な方策はありません。むしろ、小規模自治体だからこそ、集落や自治会単位の小地域を重視した取り組みが必要です。図は、筆者が取り組んだ竹原市（人口2万4千人）への支援メニュー（To Do List）として提示したものです。このTo Do Listは、相互に関係しあいます。そして、小地域ごとのペースに合わせた強化戦略を協働して作成することが重要です。「キーワード」は、本書の主題でもある「チーム」、チーム員それぞれの想いの言葉をつないだ「価値」、そしてこの価値に若者を含めた住民が巻き込み巻き込まれるプロセスをオープンにして「共有」することです。

　小規模自治体の小地域で暮らす住民間の互助による生活の質への再評価につなげるため、小地域を基盤としてこの取り組みを進めることが大切です。

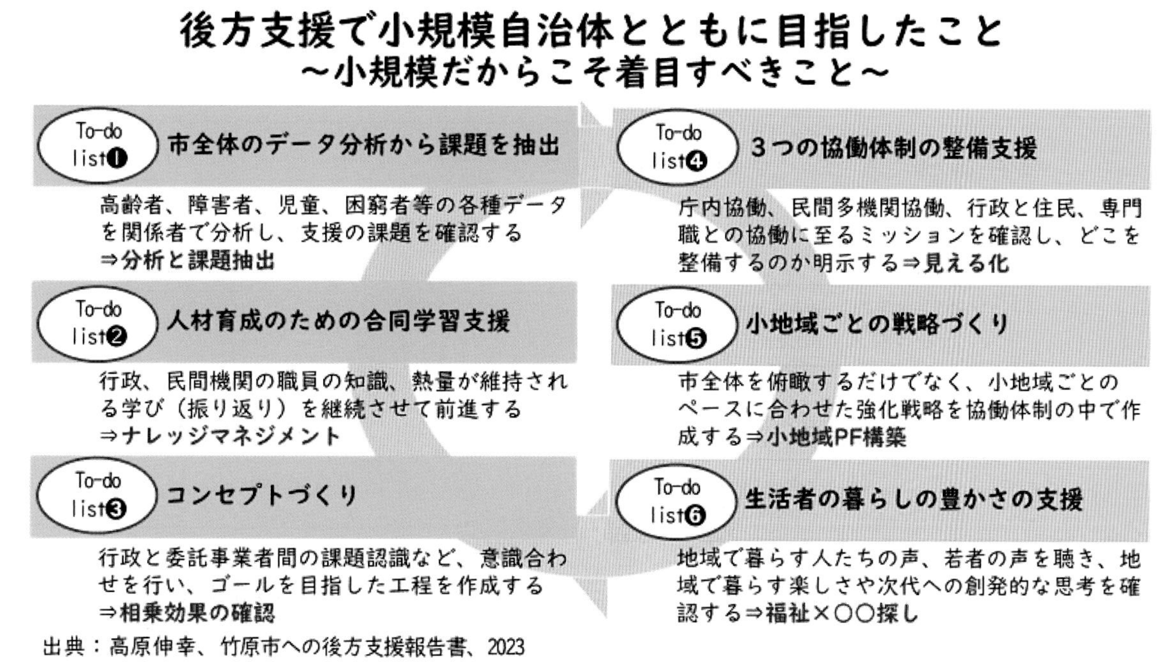

後方支援で小規模自治体とともに目指したこと
～小規模だからこそ着目すべきこと～

To-do list❶　市全体のデータ分析から課題を抽出

高齢者、障害者、児童、困窮者等の各種データを関係者で分析し、支援の課題を確認する⇒分析と課題抽出

To-do list❹　3つの協働体制の整備支援

庁内協働、民間多機関協働、行政と住民、専門職との協働に至るミッションを確認し、どこを整備するのか明示する⇒見える化

To-do list❷　人材育成のための合同学習支援

行政、民間機関の職員の知識、熱量が維持される学び（振り返り）を継続させて前進する⇒ナレッジマネジメント

To-do list❺　小地域ごとの戦略づくり

市全体を俯瞰するだけでなく、小地域ごとのペースに合わせた強化戦略を協働体制の中で作成する⇒小地域PF構築

To-do list❸　コンセプトづくり

行政と委託事業者間の課題認識など、意識合わせを行い、ゴールを目指した工程を作成する⇒相乗効果の確認

To-do list❻　生活者の暮らしの豊かさの支援

地域で暮らす人たちの声、若者の声を聴き、地域で暮らす楽しさや次代への創発的な思考を確認する⇒福祉×○○探し

出典：高原伸幸、竹原市への後方支援報告書、2023

図3-4　小規模自治体への支援（To Do List）

4．地域づくりと地域生活支援における多様な主体との協働

　本書では包括的な支援体制・重層的支援体制整備事業は3つのネットワーク（①行政・専門職間のネットワーク、②住民と行政・専門職のネットワーク、③住民間のネットワーク）による分野横断的な地域ケアシステムとして解説してきました。このことを端的に述べると、官民の協働ネットワーク体制といえます。このうち、民間の主たる主体である、社会福祉協議会、施設社会福祉法人・ＮＰＯ、セルフヘルプグループに期待される役割について解説します。なお、行政の庁内連携については第5章で解説します。

（1）社会福祉協議会に期待される役割

1）地域づくりの診断

　社協は社会福祉法第109条に規定された地域福祉の推進を目的とした民間組織です。また、社協はそこに暮らす住民の生活課題や福祉課題を把握し、制度では即応できない問題に対しても住民の参加と関係機関、団体との協働を促進し開発的な実践を行う中間支援機能と住民協議体としての協議機能を有する組織です。

　包括的な支援体制は行政による地域づくりまで含めた総合福祉の推進体制といえます。それに対して、社協は今まで以上に住民を基盤として民間組織、事業者と広く連携し、暮らし（地域）の立場から包括的な支援体制を点検、促進する役割が求められます。

　とくに、包括的な支援体制の基盤となる地域づくりは、社協がその中心的役割を担うことが期待されます。この制度的裏付けとして生活支援体制整備事業があります。社協はこの機に以下の点検診断を行ってみましょう。

> **社協による地域づくり診断及び生活支援体制整備事業診断（段階別①→⑥）**
> ①地域福祉のアセスメント（P37～P39）のもとに、「まちづくり」を視野に入れた住民主体による福祉的な住民自治を形成する方針がある
> ②「孤立」「排除しない」地域づくり≒社会参加資源を豊富にする方策がある（とくに障害福祉、生活困窮との関係）
> ③②と関連した広義の権利擁護、当事者主体を重視した活動方針をもっている
> ④専門職、事業者、行政を地域という暮らしの場で連携できるしくみづくりの方針をもっている（ネットワーク会議等のバージョンアップなど）
> ⑤上記の推進のための地域担当が配置され、職員の配置計画と養成方針がある
> ⑥上記のことが地域福祉活動計画で方針化されている

2）住民活動の支援と民間と行政との協働を促進する

　地域福祉の推進は法律用語では「地域における社会福祉＝地域福祉」（社会福祉法第1条）です。それは自治体の総合福祉といえます。一方、社協が進める地域福祉は「地域（住民）による社会福祉」

という福祉的な住民自治形成の取り組みです。その観点から総合福祉（包括的な支援体制）の構築を民間、住民の立場から協働、促進するための社協の取り組みは次のことが期待されます。

　①地域住民が自発的に共生社会を形成する地域づくりを住民（含む当事者）とともに進めます。その際に、小地域福祉活動の強化とともに住民自治組織や地域産業分野などによる地域振興との連携など、広域的課題と地域福祉活動とを幅広く連携させていく取り組みを進めましょう。

　②社協が受託している制度上の各種相談支援事業に関しては、包括的相談支援体制（総合相談支援体制）の一環として、民間同士の横断的なネットワークづくりとともに庁内連携と住民活動との橋渡しを行いましょう。

　③とくに、社協自体が行う相談支援は権利擁護支援を基盤として、「地域生活課題」に取り上げられる「世帯（家族）支援」「教育、居住、仕事づくり等との連携」「孤立に対する居場所づくり、地域づくりに関する地域住民との連携」などに対して多様な関係者とのネットワークづくりを進め、自治体全体の相談支援の質を高める役割を強化しましょう。

　④また、包括的な支援体制は上記のように主に「地域づくり」と「相談支援」が課題とされますが、地域ケアや地域生活支援においては「ケア」が生活の基盤として重要です。社協が担っている「ケア」の機能も再点検しましょう。

　以上のような取り組みが求められつつも、社協の現状としては、「住民のニーズに基づく」事業の企画ではなく、国の要綱及び行政委託事業の「仕様書に基づく」業務が増大し、社協自体が縦割りになり、その存在価値への揺らぎがあることも事実です。地域福祉の政策化の時代と言われる今だからこそ、行政が所管する制度的社会福祉と社協が推進する民間の自発的社会福祉との真の協働が求められる時代であるという認識が行政と社協の両者に必要です。

　また、包括的な支援体制における官民協働を進めるためにも、社協の各種の活動、事業の総合力を発揮するための組織のマネジメントが求められます。この機に地域福祉活動計画をしっかりと策定し、包括的な支援体制にかかわる社協の上記の4つの活動課題に対応するための関係者との合意形成と総合的実践を可能にする社協組織のマネジメントの再点検を図りましょう。

（2）社会福祉施設（社会福祉法人）・NPO

1）社会福祉施設（社会福祉法人）

　社会福祉施設（社会福祉法人）は国の社会福祉事業（制度的社会福祉）を担う社会福祉サービスの中核的主体です。また、地域づくりの観点からみれば、元々、社会福祉施設は地域において制度が対応できない生活ニーズに応えてくる過程で支援のカタチを作ってきた社会事業体です。とりわけ、入所（生活）施設は、地域で暮らす諸条件を満たせない利用者の24時間、365日の生活を支えているという意味では、利用者の背景にある「地域の弱み」を把握している主体であるといえます。

　一般に、地域との関係でみる社会福祉施設の働きは「施設の社会化」と呼ばれてきました。施設の社会化とは、「①処遇、②機能、③運営、④問題」の4つの社会化の機能を意味します。

　①はボランティアなどの施設への参加や利用者の地域交流を通した利用者のQOLの向上、②は

24 時間、365 日支える生活支援機能などの地域への提供、③は施設経営の透明化のための情報公開です。これらは、現在、社会福祉法人の公益的事業として制度化もされています。これらに加え、社会福祉施設の本質的な使命は 4 点目の「問題の社会化」です。

　問題の社会化とは、利用者の背景にある「地域の弱さ＝問題」の克服に向けて利用者が再び地域へ参加するとともに、社会福祉施設（役職員）が利用者、地域とともに誰もが暮らせる地域づくりを実践するという地域問題を社会化する機能です。これは、社会福祉施設の地域づくりと地域生活支援の機能といえます。

　以上のように、社会福祉施設（社会福祉法人）は制度枠内の事業にとどまらず、制度間の連携を進めるための社会福祉法人間の連携（社会福祉法人連絡会）とともに、受託する相談事業所や在宅サービス事業所とともに分野横断的な連携を進めつつ、地域と協働していくことが大切です。

　なお、地域福祉という観点からは包括的な支援体制は「在宅」での当事者だけでなく、その先にある入所している当事者も支援の対象であることの理解を関係者や地域に訴えていく必要があります。

2）NPO

　NPO はボランティアから社会福祉法人まで多様ですが、ここでは NPO 法人（非営利活動法人）について述べておきます。いうまでもなく、NPO 法人は地域のニーズへの対応を活動レベルから事業レベルに引き上げる機能をもっています。今後、地域力が弱まっていくことが予測される時代においては、地域のニーズを仕事（事業）化して地域課題を解決するとともに地域での経済循環を起こす機能が期待されます。例えば、参加支援における中間的就労づくりや農福連携、新たな支援ニーズへの開発などです。

　このような地域での事業を従来はコミュニティビジネスと呼んでいましたが、現在では社会連帯経済や社会的企業、協同組合などと関連したソーシャルビジネスと呼ばれています。（P50 事例 6）

（3）セルフヘルプグループ（当事者の相互援助組織）

　本章のテーマである「当事者中心」とは、当事者が支援の対象だけでなく、地域づくりにおいても中心的な役割を持つという考え方です。端的に言えば、「最も生きづらい人が暮らせるまちは、誰もが暮らしやすい」ということです。多様な当事者が役割をもって生き生き暮らせる社会が地域共生社会、地域福祉としての多様性尊重社会、社会的包摂社会であるということです。この場合、当事者組織としてのセルフヘルプグループへの理解が重要です。

　セルフヘルプグループ（Self Help Group）はそれぞれの人が抱える障害やそこから派生する生活問題と社会との関係で生じる多様な生きづらさを共通項に集まるグループです。日本では自助グループや当事者組織と呼ばれています。

　セルフヘルプグループは 1935 年にアメリカで結成されたアルコール依存症者の会が始まりとされています。そのなかで、専門職や社会から理解されない苦しみをメンバー相互に分かち合いながら、その無理解、偏見、差別から自らを解放するという自己変革の働きが最も重要なグループの機能です。さらに、そのグループが成長すれば、自分たちを苦しめる無理解、偏見、差別に対する社会の変革に向けた活動に向かいます（図 3-5）。このように、セルフヘルプグループは当事者本人のエンパワ

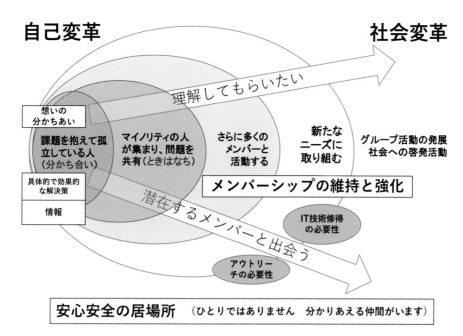

自己変革　　　　　　　　　　　　社会変革

理解してもらいたい

想いの
分かちあい

課題を抱えて孤立している人
（分かち合い）

マイノリティの人が集まり、問題を共有（ときはなち）

さらに多くのメンバーと活動する

新たなニーズに取り組む

グループ活動の発展
社会への啓発活動

具体的で効果的な解決策

情報

メンバーシップの維持と強化

潜在するメンバーと出会う

IT技術修得の必要性

アウトリーチの必要性

安心安全の居場所　（ひとりではありません　分かりあえる仲間がいます）

図3-5　セルフヘルプグループのエンパワメント過程

メントと社会に向けてのソーシャルアクションが重要な機能です。セルフヘルプグループは、このように当事者主体の助け合い活動を行う組織として相互援助グループとも呼ばれています。また、具体的な生きづらさを起点にコミュニティを変革していく市民活動団体といえます。

　以上のように、セルフヘルプグループは生きづらさを共通項にしていますので、制度、施策の枠組みや特定の病名に縛られない多様なグループが存在します。例えば、若年アルツハイマー症者の会、高次脳機能障害者の会、ひきこもり青年の会、男性介護者の会、多胎児子育ての親の会、うつの人たちの会、中卒・中退の子どもの親の会、性について悩む人たちのグループ、パニック障害の仲間の会、性被害にあった人の会、LD親の会など多様です。これらの多様なグループが地域社会に存在することによって、現在の制度施策では対応できなかったり、社会の偏見、差別から生じる孤立や排除などの生きづらさを抱えた人たちが駆け込める地域社会の「居場所」の機能を果たしているといえます。また、結果としてその存在自体が多文化共生社会の基盤を形成する重要な役割を担っているといえます。

事例6　地域生活のセーフティネットとしての NPO による参加支援事業（宮城県仙台市）

　救急福祉を実践する「国見・千代田のより処 ひなたぼっこ」は、2009（平成21）年12月に宮城県仙台市青葉区国見小学校区に開設されました（運営：特定非営利活動法人全国コミュニティライフサポートセンター）。24時間365日型で制度にとらわれない相談支援及び緊急受け入れを実施しています。児童、障害者、高齢者、生活困窮者、刑余者など多様な人・世帯が多様な理由によって、なんらかの支えが必要になった際に、一時的に受け入れて生活を支え、次の暮らしにつないでいます。また、最近は緊急受け入れ前後の予防的な支援や緊急受け入れ後のアフターフォローなどにも対応しています。2021（令和3）年度からは仙台市より、地域共生社会の実現に向けた 24 時間対応型包括的相談支援体制整備事業を受託し、参加支援を担います。

　あわせて、地域の方々を委員とした「運営推進委員会」を3か月に1回開催。連合町内会長や各町内会長、地区社協会長、地区民児協会長、地域包括支援センター、児童館長などにひなたぼっこの現状を理解いただき、地域で気になることを話し合う機会となっています。

　例えば、ある一人暮らしの60歳代男性は、見知らぬ家の庭先に入って通報・保護されたことをきっかけに、民生委員と病院を受診しました。知的障害・認知症・前立腺がんの疑いが見受けられ、入院するほどではないけれど、十分な食事の摂取と服薬管理ができていない様子から、主治医が一人での生活は難しいと判断。同病院の MSW がひなたぼっこに相談したことから、体調が整うまで滞在することになりました。身寄りがないため、緊急時は民生委員が対応してくださることに。食事と服薬で生活のリズムを整え、職員と会話をすることで認知症状が改善。同時に、ひなたぼっこから担当圏域の地域包括支援センターへ連絡して本人との関わりを確認し、ひなたぼっこ利用後の生活や介護保険の申請などに関わっていただくことになりました。地域包括支援センターの呼びかけで開催したケア会議では、民生委員の話からもともと近所付き合いのある人で、なじみの床屋や銭湯などがあることから、これまでの本人の生活を大事にし、必要最低限のサービスを取り入れながら、地域で暮らし続けることができるように見守る提案がなされ、在宅生活を継続することになりました。

　関係機関の協働とともに、地域の理解と交流のなかで、利用する人の強みを地域住民が引き出し、本人の生きがいや安心につながっています。

図3-6　「ひなたぼっこ」が、入口・出口で連携・協力している主な支援機関

第４章　包括的な支援体制の連携をチームで構想する
ワーク　私達のまちのネットワーク形成図を描く

１．ネットワークの形成図

　包括的な支援体制の本質は、「ネットワーク」、「連携・協働」体制です。

　包括的支援体制のネットワークを形成する際、まずは自治体の庁内連携、地域、関係機関、行政との連携をどのように結びつけるのかについて、おおよその全体像として描いておくことが必要です。ネットワークの形成については、庁外の関係機関のどことどこが連携すれば何が進んでいくのか、何を進めていくのかを地域福祉計画の策定過程で確認しておくことが大切です。また計画の進行管理の中で連携の進み具合を確認していく必要があります。

　この章では表題のように、包括的な支援体制の連携・協働のあり方を構想するために現状を確認するとともに、関係する活動や団体が「つながる」ことの意義と重要性を確認しチームで共有するワークを紹介します。本書では第２章で自治体セルフチェックとして11項目の点検のワークを解説しました。第３章では、協同力のアセスメントと当事者を中心とした地域住民と専門職が協働する地域生活支援について解説しました。そして、第４章でこれらの理解とワークの成果を踏まえたうえで、どこの場でどんな人と連携すればいいのかや、地域住民や専門職との協働する場づくりを想定するための「つなげるワーク」を行います。これまでのワークを集約しながら、包括的な支援体制整備の本質である「連携・協働」を「あったらいいな」という想いも加えて「連携図」として作成します。この連携図は地域包括ケアシステムの骨組み（スケルトン）と呼ばれる図です。また、その本質は各種のネットワークの連結ですので、本書では「ネットワーク形成図」と呼んでいます。

　各地の連携図を例として確認しながら、我がまちが目指す「ネットワーク形成図」を描くワークを解説します。

２．ネットワーク形成図の例

（１）滋賀県高島市の例

　滋賀県高島市の地域福祉計画、社協の地域福祉活動計画それぞれに同じこの図が掲載されています。地域を４層に分け、縦列に住民の取り組み、行政・専門職の取り組み、その間に住民と行政・専門職の協働を描いた図です。

　住民の取り組みでは、自治会域で「見守りネットワーク」、中学校区で「住民福祉協議会」があり、行政・専門職の取り組みでは、中学校区ごとで全市的に専門職による「くらし連携会議」が組織されています。そして、これら「住民福祉協議会」と行政・専門職が一緒に話す「セーフティーネット連絡会」が協働する場として位置づけられています。生活困窮者自立支援の「つながり応援センターよろず運営委員会」は民間ネットワークや庁内連携を促す役割を担っています。実体的に協働が積み上がり、それができたら連携会議を充実させる、という作り上げるプロセスを10年以上かけた例です。

圏域ごとのネットワーク関係図

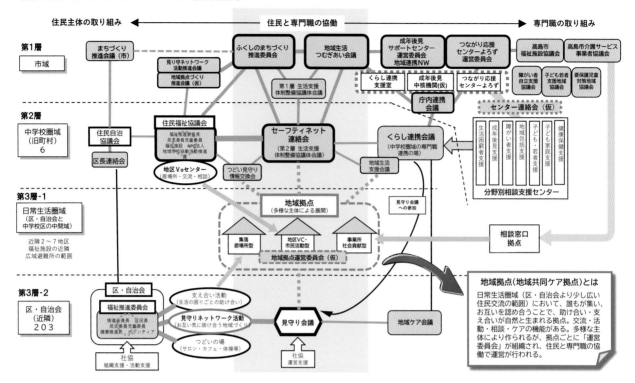

図4-1　滋賀県高島市の協働のネットワーク関係図

（2）兵庫県宝塚市の例

　近隣・自治会域、小学校区域、地区（中学校区）、全市の４つの圏域ごとでネットワーク（会議体）を作って連携させていこうとする図です。この図は、高島市と同様に宝塚市においても地域福祉計画と地域福祉活動計画で共有され、協働して地域福祉・包括的な支援体制を構築するための連携図、連結図になっています。

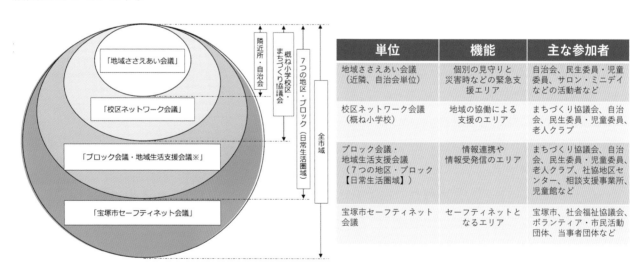

単位	機能	主な参加者
地域ささえあい会議（近隣、自治会単位）	個別の見守りと災害時などの緊急支援エリア	自治会、民生委員・児童委員、サロン・ミニデイなどの活動者など
校区ネットワーク会議（概ね小学校）	地域の協働による支援のエリア	まちづくり協議会、自治会、民生委員・児童委員、老人クラブ
ブロック会議・地域生活支援会議（７つの地区・ブロック【日常生活圏域】）	情報連携や情報受発信のエリア	まちづくり協議会、自治会、民生委員・児童委員、老人クラブ、社協地区センター、相談支援事業所、児童館など
宝塚市セーフティネット会議	セーフティネットとなるエリア	宝塚市、社会福祉協議会、ボランティア・市民活動団体、当事者団体など

図4-2　宝塚市の共同体の基盤となるネットワーク

（3）広島県東広島市の例

　図4-3は、東広島市重層的支援体制整備事業実施計画の中で描かれた図です。エリアは4層とし、各4層が連携して包括的な支援体制を作るイメージを持っています。

　記載された取り組みがすべてできているわけではありませんが、各関係者が包括的な支援体制の全体ビジョンの中での位置と連携先を確認できる図になっています。

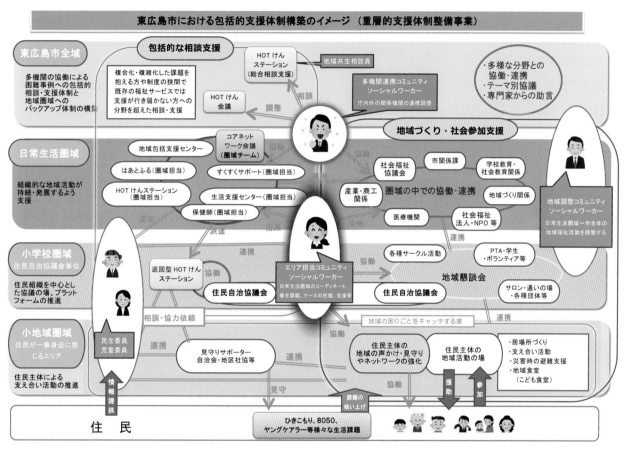

図4-3　東広島市における重層的支援体制整備のイメージ

3. ワークの目的、活用

　このネットワークの形成図づくりは、まず大まかにデッサンすることから始めましょう。したがって、これらの例のような精緻な図を最初から目指す必要はありません。まずは地元で関係者と話し合いながらラフに作業をすることから始めましょう。このワークでの「つなげる作業」が、地域福祉計画や地域福祉活動計画、包括的な支援体制・重層的支援体制整備事業を協議する場で、住民や多機関の関係者が参加した学習にも活用できるように、以下にその手順を示します。

　このワークは、どこのエリアを注視するのか、誰と連携すればよいのかのイメージを重ねる検討が重要です。なお、既に図を作成している自治体は、これから示す一つ一つの作業手順に沿い、あらためて詳細な検討、協議を深めるなど有効に活用してください。

　国は重層的支援体制整備事業のニーズの入り口から出口までの対応の流れを表した支援フロー図を例示しています。それは、ニーズ対応の一つの流れとしては理解しやすいのですが、多様な主体のどこにニーズが入っても連携できるための図としては描かれていません。したがって、支援フロー図の前提として、多様な主体の連携の全体像と各自の立ち位置が理解できる図の作成が地域福祉の図として必要です。それがネットワーク形成図です。この図の作成作業（ワーク）を通じて、関係者が地域福祉や包括的な支援体制の全体像の理解とそこでの各自の立ち位置を確認できます。

4. 4つのワーク

　我がまちが目指す「ネットワーク形成図」を描いてみましょう。

【ワーク準備物】

1つのグループにつき、次の準備物を用意してください。

模造紙（1枚）、付箋紙（色違い2種類×50枚程度）、マジック（人数分の本数）

【ワークの流れ】

（1）ワークの説明（10分）

（2）ワーク1：地域エリアを重層化する作業（15分）

（3）ワーク2：各エリアの現状を整理する作業（25分）

（4）ワーク3：これから取り組む必要がある事項を抽出する作業（25分）

（5）ワーク4：抽出した社会資源やこれから取り組むものをつなげる作業（30分）＝つなぐしくみの検討

（6）ワークの振り返り（15分）

　ワークは全体で約2時間（120分）の所要時間で4つの段階の作業を行います。ワークは行政職員や多機関協働の関係職員、住民などをメンバーとして実施します。ワークに都道府県や都道府県社協職員が同席し、一緒に意見交換をしながら取り組むことができれば、より効果的に実施できます。とくに振り返りにおいて、当該市町村の外部者である都道府県や都道府県社協職員から先行してワークを実施した他市町村の所見を聞くことは視点の広がりの意味で必要です。

ワーク1　地域エリアを重層化する作業（15分）

　まず、自分の自治体で地域や専門機関の「つながり」の実態、住民組織や機関の配置状況を確認しましょう。その上で、重層化が3層、4層、5層など何層になるかの検討を行いますが、留意すべき点は活動内容と地域エリアの関係を踏まえることです。例えば、「高齢者の見守りとかサロン活動は、自治会域で」、「住民活動は班や組の単位でもう1層を細かく見る」とか、「子どもを含めた拠点づくりは小学校区で集まる」というように、それぞれの自治体で自由に合理的に設定することになります。

　この地域を重層化する作業では、異なる領域・分野の関係者が地域の重層エリアを共通認識するという点とさらに同じ地域エリア内で専門機関、行政が地域と協働する視点を持つという点で、大変重要な作業です。とくに行政では自治会域のエリア認識を持つ職員は多くなく、地域のエリア感を共有することは地域づくりや参加支援を想定する事業展開においても必要不可欠なものです。

　なお、同じ自治体内でも市部、郡部により圏域の層が異なる場合があります。

例1　市域／ブロック域／小学校区域／自治会域
　　　（理由：市内のブロック単位で民生委員・児童委員と専門職がつながる協議体が地域包括ケアシステムの中で構築され一定の実績がある）
例2　町域／小学校区域／小集落域
　　　（理由：小規模自治体で、小学校区ごとに自治会の連合組織があるが、サロン活動などの住民活動は班や組組織が基盤になっている）
（P40〜P42 第3章 地域の共同力アセスメント 参照）

（ワーク具体例）

市域

ブロック域

小学校区域

自治会域

図4-4　地域の重層化の例示

ワーク2　各エリアの現状を整理する作業（25分）

　列に、「相談」、「話し合いの場」、「住民の活動」と記載していますが、「相談」は「包括的総合相談」に、「住民の活動」は「地域づくり」に、その間の「話し合いの場」は「参加支援」に呼び替えても構いません。

　ワーク2は、この3つの領域で、使える資源、しくみが、どのエリア層に、どれぐらいあるか、という確認作業です。

　例えば、「相談」領域で、高齢、障害、児童、困窮分野それぞれに相談支援がありますが、中でも包括的な支援体制の整備において重要な役割を担うものはピックアップして示しても構いません。また、住民の活動の中でも、サロンのようなフォーマルな活動以外にも、「ナチュラルコミュニティリソース」といった、地域住民が自然に取り組んでいる趣味の活動や伝統文化活動、犬の散歩をしながらの見守り活動など、地域の宝となる活動や生活行為が多くあります。どこに地域の力があるか、集まる場や話し合いの場があるか、メンバーのつながり具合や専門職との協働の可能性なども含め、発見し、活動を知り、包括的な支援体制の整備に活かせるものを話し合いながら書き込みましょう。

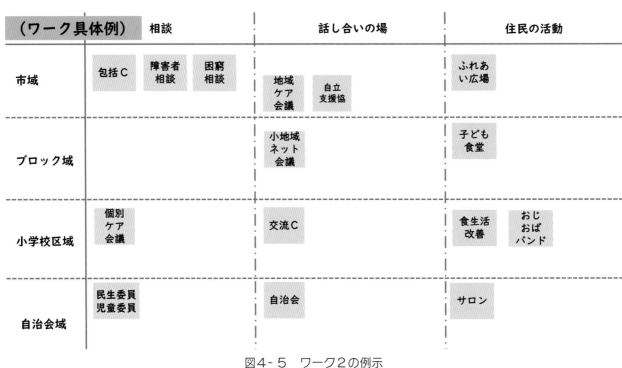

図4-5　ワーク2の例示

ワーク3　これから取り組む必要がある事項を抽出する作業（25分）

　ワーク3では、包括的な支援体制を作っていくうえで、「こういう取り組み、話し合いの場などが必要だ」といった、これから取り組む必要がある事項を抽出します。現状の資源を書いた付箋とは異なる色の付箋で抽出します。

　図4－6の例にあるように、枠内に収まらず、線上に置くものもあるかもしれません。重複するものを統合して新たに再編するもの、創設するものが生まれるかもしれません。現状を生かすための話し合いの場や事業、専門機関が連携協働できる事業やしくみ、住民と専門職が協働する事業、まちづくりと関連させる事業、教育と住宅分野と連携協働する場などを意識して検討してください。

（ワーク具体例）	相談			話し合いの場			住民の活動		
市域	包括C	障害者相談	困窮相談	地域ケア会議　自立支援協		多機関連絡会	ふれあい広場	フードバンク	
ブロック域				小地域ネット会議			子ども食堂		
					福祉懇談会				
小学校区域	個別ケア会議			交流C	交流Cと専門職の定期協議	サロン連絡会	食生活改善	おじおばバンド	フリースペース
									見守り活動
自治会域	民生委員児童委員			自治会			サロン		

図4-6　ワーク3の例示

ワーク4　将来を見通して、抽出した社会資源やこれから取り組むものをつなげる作業（30分）

　最後に、これまで付箋で示したものを「つなげる作業」をします。骨組みのような作業です。「つなげる作業」は、各エリア層の横の関係、相談・話し合いの場・住民の活動ごとの縦列の関係に加え、斜めの関係も意識して検討してください。例えば、民生委員・児童委員の訪問活動と住民の見守り活動とサロン活動などを複合させたプログラムの検討です。

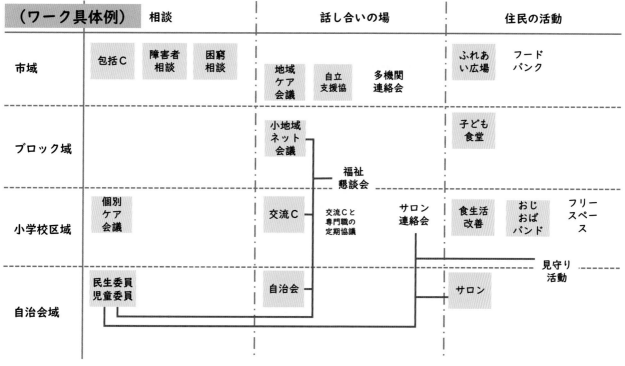

図4-7　ワーク4の例示

振り返り（15分）

　ワーク3で取り組む必要がある事項を出した理由や背景、ワーク4で何故この中で線をつないだか、もう一度確認し合ってください。

　そして、メンバーの皆さんがこのワークをしてみた感想、気づき、提案などを述べ合ってください。

　また、作成した図に、例えば、小地域の相談、話し合いの場、住民の活動部分に空白があれば、その理由の確認やその空白を埋めるための協議の必要性を検討する必要があります。仮にワークに参加したチームメンバーの知識範囲の影響で書けないのであれば、新たにメンバーを加えてチームを作るということも検討することになります。

　振り返りがワークの成果となるように、次の段階に向けた率直な感想や気付きを述べあってください。そして、できれば今後のその具体的な作業を確認し合ってください。

　このワークを試行した広島県の2022（令和4）年度の研修受講者による感想では、次のような意見が出されました。

（参考意見）

・普段こうした話をすることがないので目線合わせという意味でよかった。

・相談窓口が沢山あるが、これを調整する場、繋げるしくみが必要だと率直に感じた。

・民生委員、自治会長と連携するしくみ、つながりが必要。

・民生委員、見守り活動がつながっていない、ということではないかと推察し、これを線でつないだ。

・この線を繋ぐために活動の中で、フリースペースのような拠点づくりをあげた。

・社協のフードバンク、フードドライブを統合発展させ子ども食堂につなげたい。

・今日のこれらの話を体制整備の実務者会議で共有し、市内のアセスメントをするところからしっかり進めたい。

5．今後に向けて

　ワークは、庁内連携を進める際にも、また社会福祉協議会や相談支援事業者等との協議の場でもぜひ実施してください。

　行政機関においては、描いたビジョンの形成を作業工程（計画）化する際に、短期間でこの目標を成就できるものではないことを理解することや、地域福祉計画と一体的にビジョンを描き、重層的支援体制整備計画とともにその進行管理の中で試行錯誤し、10年後の環境変化にも応じた可変的で持続可能な体制に成長発展させていくことの理解を得られるよう取り組んでください。

　なお、本ワークによる重層的な圏域を意識した連携（ネットワーク）図と地域福祉計画・重層的支援体制整備計画との関係は、第5章の5（P71）で解説しています。

今回のワークのポイント（視点）

●地域を重層化する際に、地域包括ケアシステムを視野に検討できるか

　地域包括ケアシステムでは、中学校区を日常生活圏域と呼び、その単位で、この地域に住む人を支援し、そして個と地域を一体的に見る地域包括支援センターを位置づけています。地域包括ケアシステムで培ったノウハウと生活困窮者自立支援の発想により、全世代に広げた「包括的な支援体制」の展開が可能かどうか検討します。

●地域に密着した支援機能の検討ができるか

　地域包括支援センターや既存の相談支援事業がアウトリーチにより地域、家庭に出向くほど、何でも相談を受けるという総合相談機能が求められます。各自治体にはその実践の積み上げがありますので、どれだけ地域の悩み事や生活課題をキャッチできるようなネットワークを構成できているか、検討します。

●民生委員・児童委員の後方支援を検討できるか

　地域の活動において、民生委員・児童委員の活動は不可欠ですが、福祉的な課題を民生委員・児童委員に丸投げにし、結果として民生委員・児童委員が地域から孤立することにならないように、地域と民生委員・児童委員が一緒に活動できる環境をどう作るかを検討します。

●合意形成を念頭に検討できるか

　共通目標となるビジョンを共有できるように、今回のワークを組み立てていますので、新しいものを創るのではなく、あるものを再設計する、そのために何かを繋げる視点が重要です。お互いを理解し合い、どう合意形成するか、検討します。

●権利擁護の視点で検討できるか

　一番大事なことは、この地域に住む人たちの人権が侵害されていないか、市民権を得た暮らしが営まれているかです。総合相談のあり方も、話し合いの場づくりも地域づくりもそうした視点で検討します。

第5章　包括的な支援体制を進める体制づくりと計画の進行管理

　包括的な支援体制という連携協働のあり方が地域社会のニーズに応じて絶えず変化することは、今までに述べてきたとおりです。そのため、ニーズの変化に合わせて柔軟に体制を変化させることができる「体制整備」がこれからの社会福祉のマネジメントに必要です。ここでは「庁内連携」「多機関協働」「地域との協働」の3つの協働を進めるための体制づくりとその進行管理について説明します。

1．包括的な支援体制における庁内連携会議（垂直型会議から水平型会議へ）

　包括的な支援体制における庁内連携会議は「ケース検討・調整」、「ケースからの課題化・施策提案」、「体制整備のルール化・各部署間調整」の3つの機能が求められます。

　また、庁内連携会議は包括的な支援体制という地域ケアシステム（セーフティネットシステム）の一環として、その連携状況を外部に評価される必要があります。なぜなら、多機関協働と地域づくりに連結した取り組みであるからです。

　以上のように、これまでの、伝達、垂直型の「庁内連携会議」とは質が違い、3つの機能が果たせる実質的、水平的なネットワーク・連携が重層的支援体制整備事業での庁内連携会議やそれと連携した重層的支援会議の機能として求められていることを理解する必要があります。そのうえで、参加メンバーは会議の聞き流しではなく、メンバー同士の相互理解と対応の積み重ねからのルール化による共通認識とノウハウを形成する場づくりが求められます。

　また、この庁内連携会議を計画化する段階では、関連会議と合わせて効率的・効果的な会議運営とするために、庁内にある関連会議、各種協議体の機能分析と整理統合を行う必要があります。

【庁内連携の診断例】（段階別 ①→⑤）
①連携無し（行政職員の縦割り意識が強い）
②福祉部署内の係長クラスのケース調整や連携のルール化の会議がされている
③福祉部署以外の関連部局も含めた係長クラスのケース調整やルール化の会議がされている（とくに教育、居住、就労、権利擁護、まちづくり分野）
　注1）各部署間の共通理解やルール化という共通基盤が形成されていない段階のケース検討はむしろ縦割意識を助長する恐れがあります。
　注2）具体的なケース検討会議では子どもに関わる教育分野の参加は有効ですが、居住、まちづくり部署との連携は連携協議の会議から入ると有効です。
　　　　一挙に横断的メンバーをすべて集めるか、チームの成熟の段階を踏まえて集めるかの判断が必要です。
④②または③の結果が反映される課長クラスの意思決定会議の二重構造になっている（会議の課題を上部に提案するしくみがある
⑤③に地域づくりや生活困窮担当者として社協職員も参加している

２．庁内連携会議の運営と工夫

（１）段階を踏んだ取り組み

　包括的な支援体制における庁内連携会議の運営は、制度の狭間の課題を取り上げることが多いため、参加者が縦割り意識のままケース検討会議を開催しても効果がでません。その運営方法は全国的に試行錯誤の途中ですので確定した方法はありませんが、想定される取り組みとしては次の取り組みが必要だと考えられます。

１）首長、部局長などのトップによる総合化への各部署への伝達（トップダウン）

２）関係課長クラスの参加による包括的な支援体制に関する研修会の開催（共通理解づくり）

３）庁内連携会議と重層的支援会議の関係の整理

４）係長クラスなどによる学習会や各関係課の意識合わせと連携のルールづくりを優先した取り組み（ボトムアップ）

　①ケース検討ではなく、ケース事例研究による連携のルール化（月１回、半年から１年かける）

　②庁内連携会議で扱うケースの洗い出しと検討方法のルール化と諸様式の開発

　③ルール化の組織承認（課長会議など）

５）合意形成を経た後のケース検討会議の積み重ね

　①定例会議型と随時会議型の開催の組み合わせの工夫

　　定例会議は各課の共通認識やルール改善、新たな取り組みの協議等の「体制整備」を重視し、ケース会議をケースに関係するメンバーによる随時型にするなどの運営の工夫を行う

　②各部署間、地域関係者等の参加によるケース会議（重層的支援会議など）は「支援会議」を有効活用する（社会福祉法第106条の6）

（２）各部署のバックアップ機能（支援者の支援機能）

　なお、この庁内連携会議の究極の目的は、庁内連携会議が開催されなくても、日常的な連携が進むことです。したがって、この会議は各部署間が支援困難ケースに対してスムーズな連携が進むようにするためのバックアップ会議（支援者の支援会議）であるという考え方が重要です。また、この会議を運営する担当者（包括化推進員等）は、ケースの調整者というよりも、「包括化」の推進員としてメンバーの創意工夫が出やすいような会議運営の工夫とともに、所属課の特性による参加意識の違いやこの会議に対する期待などを配慮した連携・協働（部署間ネットワーク）の促進者としての役割が求められます。庁内連携会議の３つの機能のうち、「体制整備のルール化・各部署間調整」の機能を重視します。(P62 コラム５、P63 事例７、P64 事例８参照)

コラム5　庁内連携の質を高める（広島県廿日市市）

　重層的支援体制整備事業の中核として「相談支援ネットワーク会議」を設置しています。各分野の所属や相談支援機関において中核となる職員や専門職が参加し、日常的な情報共有や、相談支援体制に関する課題解決に向けた議論のほか、支援の方向性を考える場としても機能させるもので、月1回の「定例会」と、必要に応じて開催する「ケース会議」があります。

　この会議の大きなねらいは、議論を通じて「お互いを実践ベースで理解し合う」ということです。

　その仕掛けとして、定例会では、各分野が抱える相談支援に関する課題など、議論したいテーマを各所属や相談支援機関から集め、毎月ひとつひとつみんなで議論し整理すること、また、ケース会議では、各分野から挙がってきた相談事例について、他分野に視野を広げて支援方針を立てることを意識し、みんなで支援プランを検討するオープンカンファレンス方式で行うことなどを盛り込んでいます。

　いずれも、自分の担当分野か否かにかかわらず「みんなで」議論や検討に参加します。

　このことにより、これまで知らなかった他分野での支援における悩みや苦労に触れたり、分野の違いを改めて認識したりするほか、思わぬ共通点に気づくこともあり、対話やケースを一緒に見るプロセスを通して、その人となりや仕事の仕方が分かってくるようです。こうした積み重ねが、日々の連携にも少しずつ生きてきました。

　支援者の多くは福祉部門の専門職ですが、ときには事務職、福祉分野以外の他部門の職員なども人事異動によってその役割を担うことがあります。担当分野や職種、経歴もそれぞれ異なり、とくに専門職においては、その強みである専門性によってときに価値観も異なるため、お互いを理解し合う努力は欠かせません。

　担当分野や専門性の枠を超えた連携の質を高め、これまでに気がついていない新たなニーズに気づくことができるためのチャレンジを続けています。

（3）2つの事例から学ぶ

　尾道市は庁内、多機関協働による包括的な支援体制において対応するケースの洗い出しを行い、関係者間の共通認識を深めています。また、伊丹市は第3次地域福祉計画に重層的支援体制整備事業を位置づけ、その準備に2年間をかけています。その過程で各課の担当係長を包括化推進担当者として任命し、社協を加え進めています。その包括化推進担当者会議（重層的支援会議）では、会議参加のルールづくりを検討し多機関協働事業マニュアルを作成しています。

事例7　多機関協働事業の会議運営
～ヒアリングのプロセスと気づき～（広島県尾道市社会福祉協議会）

　尾道市では、2020（令和2）年度から重層的支援体制整備移行準備事業における「多機関協働事業」を「地域共生包括化推進会議」として実施しています。この会議は、尾道市と尾道市社会福祉協議会の共同事務局で運営しています。会議体は、関係機関の課長級が参加する「本会議」、係長級が参加する「実務者会議」、その他「個別ケース会議」、「課題解決会議」で構成しています。

　実務者会議では、これまで事例検討をグループワーク形式で実施するなど、出席者同士が円滑に発言しやすい環境づくりに努めて運営してきましたが、関係機関同士の連携の必要性や、各機関が抱えている解決できていないケースを十分深めるまでには至らず、多機関連携を積極的に進めるための具体的な事項についての意見はなかなか上がってきませんでした。

　そこで、①各課・各機関の業務の実態と課題、その課題解決のために多機関協働を機能させるヒントなどの聞き取り、②会議体に対する意見や要望の聞き取り、を目的に、個別に訪問をして、ヒアリングと意見交換を行うことを考えました。会議参加の全14機関に対し記入シートへの記載内容に基づく意見交換をそれぞれ2時間程度行いました。ヒアリングの場では、「なかなか会議で言えなかったんだけど …」と遠慮して発言しなかった委員の率直な意見も聞くことができ、各機関が抱えている課題や会議体の運営方法等についても、腹を割って意見交換することができました。

　ヒアリングを実施したことで、事務局、参加委員の双方に、事業に向けた姿勢と取り組みを整理する機会を得たと感じています。事務局は、多機関連携の会議の要点整理ができましたし、委員も他分野同士（子ども・障害者・高齢者・生活困窮など）の連携を深めるための顔の見える関係づくりや、会議で検討する研修交流会、福祉まるごと相談会などの企画検討を主体的に関わることにつながっています。

●記入シート

	支援の中でできること、得意なこと、こだわっていること	現状、支援でうまくいっていないこと	こんなものがあったらいいと思うこと
入口 （課題発見）			
対応			
出口 （課題解決）			

事例8　包括化支援担当者会議の運営（兵庫県伊丹市）

【地域福祉計画での位置づけ】

伊丹市では、2020（令和2）年度に第3次地域福祉計画策定過程で重層的支援体制整備事業（以下、重層事業）を検討し、2021（令和3）・2022（令和4）年度の準備期間を経て、2023（令和5）年度から重層事業を活用した地域福祉計画における「共生福祉社会の実現」を目指して取り組んでいます。

【2021（令和3）年度の取り組み―包括化支援担当者の任命と体制整備の協議】

市役所に相談支援コーディネーター（以下CO）を1名、社会福祉協議会（以下社協）にそれぞれ相談支援・地域づくり支援・参加支援のCOを1名ずつ配置し、重層事業の推進に取り組んでいます。さらに、市役所と社協の相談支援を行う窓口担当から包括化支援担当者を任命し、それらのメンバーで包括化支援担当者会議を月1回開催しています。重層的支援会議・支援会議（社会福祉法第106条の6）にどのようなケースをあげるのか、開催頻度やモニタリング方法など、1年かけて話し合いました。

【2022（令和4）年度の取り組み―多機関協働マニュアルの策定】

2021（令和3）年度に話し合った運用ルールなどの内容を「多機関協働事業マニュアル」にまとめました。マニュアル策定の過程で心がけたことは、事務局主導ですすめるのではなく、各COが作成した事務局案を包括化支援担当者で積極的に議論をして作成したことです。みんなが一言は発言できるようにグループワークの手法を取り入れ、メンバー全員による主体的な参加を心がけました。（多機関協働マニュアルは次のURLから入手可 https://www.city.itami.lg.jp/material/files/group/29/takikan.pdf）

【2023（令和5）年度の取り組み―重層計画策定のための評価活動】

このマニュアルについては、包括化支援担当者が多機関協働事業の取り組みをする一員であることをより明確にするため、以下の点を追記改定中です。①支援会議での検討を各相談窓口等での対応方策や連携の体制づくり等へつなげていくこと、②見えてきた地域課題や多機関協働における連携の課題、不足する社会資源の課題等について蓄積・見える化し、検討の場へつなげること、などです。また、2023（令和5）年度は重層事業計画を策定することを念頭に評価活動に取り組んでいます。この過程を経ることで、お互いに顔の見える関係が生まれ、行政関係部署、社協の日ごろからの連携がより活発化してきています。

【包括化支援担当者】

多機関協働支援会議設置要綱に掲げる機関に属する者のうち、市役所から共生福祉社会推進担当の総括、相談支援COおよび2023（令和5）年度から配属されたアウトリーチ支援員、地域・高年福祉課、障害福祉課、介護保険課、健康政策課、母子保健課、自立相談課、生活支援課、こども福祉課、子育て支援センター、こども発達支援センター、学校指導課、男女共同参画課からそれぞれ主査級メンバー

社協から地域包括支援センター、地域生活支援センター、福祉権利擁護センター、社協の事務局次長、相談支援・地域支援・参加支援CO、コミュニティワーカー総勢23名

【包括化支援担当者会議の考え方と運営方法】

　包括化支援担当者会議では、多機関協働事業である重層的支援会議の開催を行う他、重層的支援体制整備事業におけるアウトリーチ支援など必要な協議を行います。（支援者の支援会議としての位置づけ）

　支援フロー図（図5-1）にあるように、まずは、各相談支援機関が包括化支援担当者に相談し、既存の連携では解決できないケースがあれば相談支援COにつないで重層的支援会議・支援会議にかけます。事例を挙げる人の負担を考え、相談支援COが聞き取りを行い、事例シートの作成を行っています。

【包括化支援担当者会議の機能—基盤づくり重視＋ケース検討】

　包括化支援担当者会議では、包括化支援担当者への研修会を1回、支援会議を10回実施し、2023（令和5）年度はさらに既存の体制を見直して、重層的支援体制整備の評価活動に4回取り組む予定です。介護や障害分野が目指す地域包括ケアシステム、生活支援体制整備事業、生活困窮分野が進めている生活困窮者自立支援事業、こども分野の利用者支援事業といった既存の制度を見直し、横断的に取り組む重層事業の体制整備を行います。

【重層的支援会議】

　重層事業が適切かつ円滑に実施されるために多機関協働事業者が主催し、本人同意のうえで検討する会議。伊丹市では会議体を3層構造で考えており、①課内で検討する会議、②他課との連携が必要な会議、③②においても課題解決が難しいため開催する会議、のうち③の他課との連携をしたうえで解決できない複雑・複合化した事例を重層的支援会議にあげることを想定しています。また、社会福祉法第106条の6に規定されている支援会議を兼ねています。2023（令和5）年度からは共生福祉社会推進担当にアウトリーチ支援員を1名配置し、支援会議にて検討された主担当を後方支援する一方、包括化支援担当者が各課のスーパーバイザーとなって強化されるようなしくみを目指しています。

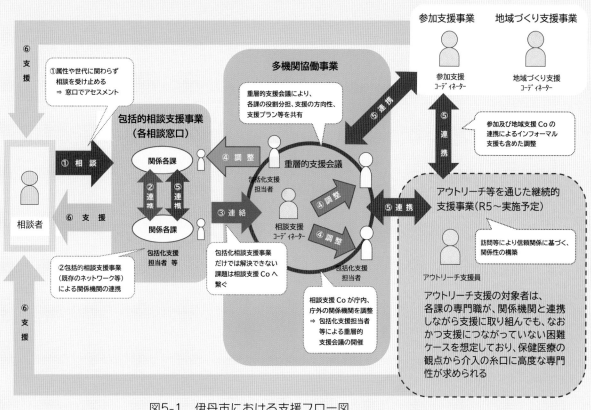

図5-1　伊丹市における支援フロー図

ワーク　ケースの洗い出しのためのワーク

　チームで包括的相談支援体制（総合相談支援体制）を検討する場合には、「総合相談の機能」の共通理解とケースの洗い出しの作業を通じた制度の狭間の全体像の理解が必要です。

（1）チームメンバーで総合相談支援体制の機能に対する協議と共通理解を形成する

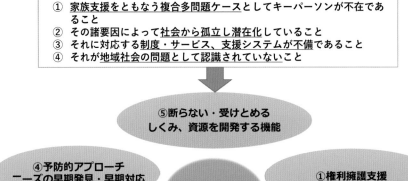

図5-2　制度の狭間を生み出さない総合相談支援体制における5つの支援：総合相談の評価視点

1）包括的相談支援体制（総合相談支援体制）の機能を理解する－支援者の支援機能

　図5-2は「制度の狭間のケース」の4点の特徴に対応する総合相談支援の機能として考えられる5つの機能を表した図です。例えば、総合相談支援が5つの機能からなると設定した場合には、この5つの機能が総合相談支援体制構築の評価項目となります。

　「制度の狭間のケース」とそれへの「断らない相談支援」といったことに対して、そなえるべき機能を考えて、その機能を満たす具体的な対策をチームで考えましょう。

　その際重要なのは、総合相談窓口の設置ありきではなく、すでにある第1線の多様な窓口から漏れるニーズを受け止め、それを各窓口に返しながら、類似のケースに対して漏れを起こさないようなネットワークづくりを促進する「支援者の支援機能」としての構築を検討することです。

総合相談支援の機能	具体的な取り組み
権利擁護機能	
家族支援、社会関係づくり支援	
地域住民との協働	
予防的アプローチ（早期発見、早期対応）	
断らない、受けとめるしくみ、ニーズを開発する機能	

（２）ケースの洗い出しのためのワーク

　包括的な支援体制という全世代型・全分野横断型の体制の場合に、下記の図のような福祉各分野の関連を構造的に把握しながら検討する必要があります。

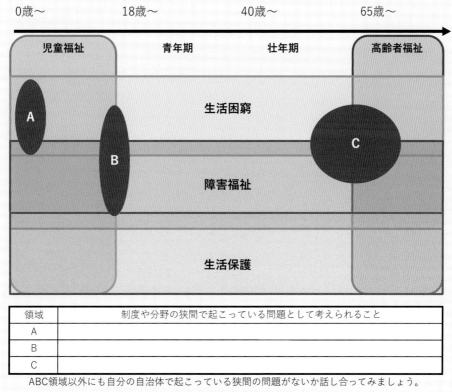

領域	制度や分野の狭間で起こっている問題として考えられること
A	
B	
C	

ABC領域以外にも自分の自治体で起こっている狭間の問題がないか話し合ってみましょう。

図5-3　ケースの洗い出しのためのフレーム

（図5-3をみる留意点）

①　分野別福祉制度を全世代型横断的視点（各ライフステージと各分野の関係）から構造的に把握します。

②　全世代型の視点からは「障害福祉＋生活困窮」＋「生活保護」をワンセットで把握します（子どもから高齢者までを対象とし、貧困に関わる３つの制度間の関係をみる）。

③　検討の端緒は「障害」「生活困窮」と「高齢」の連携問題を分析しましょう。

・障害者の65歳移行問題、制度上の高齢者福祉と障害者福祉の連携の課題、高齢の親と障害をもつ子、親が死亡した場合の障害者支援等の検討など。

④　児童領域は人生の早期対応として重要です。教育と療育、福祉、家族、地域が重なる課題です。また、小・中学校だけなく幼稚園、保育所（こども園）、地域の早期発見の機能を重視します。

⑤　18歳の境目における教育と福祉間、また福祉間の狭間の問題、若者、中高年層の社会資源が少ないことに着目します。

⑥　各制度間の重複課題や制度の狭間の課題に対して、ケース研究を通した質的な連携課題の分析とともに、量的な把握が必要な場合は「名寄せ」作業を行いましょう。

３．改善・変化の持続性を担保する庁内連携と
　一般事務職、保健師、社会福祉士の組み合わせ及び人材養成

　庁内連携会議は、法制度の解釈と運用を中心に仕事をしてきた一般事務職員にとって苦手な分野といえます。また、異動によって新しく担当する職員が過去の連携プロセスを理解しないままに担当すると、体制づくりを中断、後退させてしまう危険性もあります。改善・変化の持続性が求められる包括的な支援体制の運営の継続性を担保する工夫が必要です。

　そのためには、次の工夫が考えられます。

１）包括的な支援体制の担当部署の職員構成の工夫

・経験値の積み上げを中断させない一般事務職員、専門職（保健師、社会福祉士など）のローテーションと配置の工夫

２）「横断的連携ができ、住民と協働できる」人材養成

　今後、包括的な支援体制のみならず、人口減少下の行政に求められる人材は、「横断的連携ができ、住民と協働できる」職員です。

・行政においては、地域担当保健師や総合的対応ができる社会福祉士の養成計画が求められます。

・民間福祉組織においては福祉分野間連携や教育、居住、仕事づくりと地域との協働を促進するために、社会福祉協議会や社会福祉法人連絡会などと協働して民間福祉職員の地域福祉の認識を高める研修や交流、会議の開催などのとりくみが求められます。また、以上の場に行政職員も参加し、行政職員と民間福祉職員の人材交流を進めます。

事例９　横断的連携と住民と協働できる福祉専門職・行政職員を育む　　地域福祉研修（兵庫県宝塚市）

　地域福祉・包括的な支援体制における地域生活支援は、一つの機関だけが制度の狭間の問題に対応をするのではなく、庁内の各部署や自治体内の民間事業者（相談支援やケアの施設など）が、制度の狭間をつくらない、漏れのない分野横断的なネットワークを自治体全体の地域福祉土壌として形成することが大切です。また、当事者が地域から孤立しない生活を支援するためには、地域住民リーダーとの協働が求められます。このような、専門職間連携と住民との協働ができる行政職員、専門職の人材養成は分野別施策でのプログラム化が難しく、地域福祉計画・地域福祉活動計画のプログラムとして実施される必要がありました。宝塚市では、「地域福祉研修」として、市の生活支援体制整備事業委託により社協に配置された生活支援コーディネーターが中心となり、2016（平成28）年から、毎年、試行錯誤しながら実施しています。2020（令和２）年あたりから、ようやく現在のスタイルが確立してきました。

表5-1　宝塚市地域福祉研修7年間の変遷：横断的連携と住民との協働）

年度	参加人数	実施内容・改善点	得られた成果	課題点
H28	164名	・講演形式 ・介護保険事業者協会研修会として実施	・総合事業の概要理解 ・専門職ネットワークの必要性の理解	・地域の視点がもてていない ・多様な分野の参加
H29	50名 高齢30名　障害14名 行政　6名	・地域福祉の理解の焦点化、グループワーク導入 ・幅広い対象へ参加呼びかけ	・地域を見る視点の学習 ・障害分野の関心の高さ	・参加者ニーズに合った研修とする ・終了後の具体的な動きの提案
H30	39名 高齢19名　障害12名 児童　4名　社協　4名	・運営委員会方式導入 ・地域住民による活動事例報告	・地域活動のイメージの明確化 ・研修プログラムの確立	・地域性の意識 ・行政・児童分野の参加を促進する ・研修後のフォローアップ
R1	43名 高齢15名　障害10名 児童　2名　行政　8名 社協・その他13名	・各地区の住民との交流プログラム導入 ・行政へ参加呼びかけ	・具体的に地域を知る ・行政職員の参加	・地区の偏り ・児童分野の参加 ・研修後の地区別のネットワークづくり
R2	66名 高齢21名　障害14名 児童13名　行政11名 社協7名	・法人連絡協議会との共催 ・住民との交流は地区ごとの分散開催	・継続的なネットワーク ・児童分野の参加	・措置機関との連携（守秘義務等が連携の課題） ・住民と専門職の協働イメージをもつ
R3	74名 高齢28名　障害15名 児童18名 行政・その他13名	・本研修が法人連絡協議会の事業として位置づけ ・昨年度プログラム＋まちづくり計画をテーマとした交流	・福祉各分野からの研修参加が定着化 ・住民と専門職の協働実践が生まれた	・教育・医療分野の参加促進 ・「地域づくり」についての理解促進
R4	80名 高齢31名　障害20名 児童　7名　行政6名 医療　6名　その他 10名	・地域生活支援会議で地域住民との交流を充実	・医療分野の参加 ・地域福祉研修⇔地域生活支援会議の連動	・住民と専門職の協働実践の充実 ・地域活動（サロン等）へ自発的に参加するまでに至っていない。 ・教育分野の参加

　実施体制としては、社協、社会福祉法人連絡協議会（ほっとかへんネット宝塚）、市の三者の協働プロジェクトとして運営委員会を組織して実施しています。とくに、連絡協議会からは保育園も参加するなど児童分野からの参加の広がりを見せています。プログラムとしては、およそ以下の通りです。

1日目（午後半日）	2日目（2週間後の午後半日）
①地域福祉・包括的支援体制の基本理解の講演（1H） ②分野ごちゃまぜの意見交換（6人程度の小グループ：各分野の状況や考え方、見方の相互理解）（1.5H） ③全体まとめ（0.5H）	①日常生活圏域（包括支援センター圏域）ごとに、1日目の参加者が集まる。 ②圏域の住民福祉リーダーとの交流、意見交換 例）地域と協働するにはどうすればよいか／地域は事業者に何を求めているか、など

　これと並行して、宝塚市の地域福祉の取り組みとして、2020（令和2）年度から日常生活圏域ごとでの多機関協働を促進するための「地域生活支援会議」というネットワーク会議が制度化されています。この会議の目的は、属性に関わらず受け止める体制づくり（総合相談支援体制整備）と地域とのつながりづくり（参加支援の推進）です。このしくみを可能とした大きな要因は、圏域ごとに、社協の地区センター（地域）、市の委託等により各法人が運営する地域包括支援センター（高齢者）と児童館（児童）がすでに整備されていたことに加え、2021（令和3）年度から、市営の基幹相談支援センターのもとで、委託相談支援事業所（障害者）も各圏域で整備され、圏域ごとに主要な相談機関が協働する位置づけを明確になったためです。そのことで、この4分野を中心に保育園や学校教員も参加するなどの連携が促進されてきています。現在の地域福祉研修は地域生活支援会議のための基礎研修としての役割が大きくなってきており、地域生活支援会議参加メンバーの横断的連携と地域との協働が少しずつ進んできています。

４．包括的な支援体制の地域化（生活圏域での展開）

　制度分野間の横断的連携（多機関協働）と地域との協働ができる体制には、最終的には「要支援者」と「地域」を一体的に把握し対応する体制づくりが必要です。その意味では、自治体全体でのしくみとともに「生活圏域」ごとで協働できるしくみを目指す必要があります。

　要支援者とその人が住む地域を共有することで、リアリティのある共通認識が生まれます。そのことによって、要支援者が地域とつながった暮らしの支援（参加支援）が可能になるとともに、地域も行政、専門職と協働できる安心感から元気が出ます。そして、行政、専門職も地域住民の「暮らしの全体性」に対応する中で協働が促進されるという相乗効果が期待されます。

事例 10　日常生活圏域でつながる・つなげる・支え合う 〜コアネットワーク会議〜（広島県東広島市）

　東広島市は、平成の大合併で１市５町が合併し、中心部は学生や転入者が多い若い街、また過疎化した山間部や海岸部と広い市となっています。2022（令和４）年３月末時点で高齢化率は、10 の日常生活圏域で 15.4％から 49.7％と地域の特性も大きく異なっており、市全体で統一した地域共生社会の取り組みを行っていくことが難しい状況があります。

　従来から 10 の日常生活圏域ごとに地域包括支援センターと生活支援体制整備事業のコーディネーターを中心とした高齢者支援のネットワークが構築されており、そのネットワークを活用して、地域共生社会への取り組みを進めていくこととなりました。

　現在、日常生活圏域で毎月１回「コアネットワーク会議」を開催しています。参加者は、包括的相談支援に関わる市役所内の「こども家庭課」、「医療保健課」、「地域包括ケア推進課」、「地域共生推進課」、「子育て障害総合支援センターはあとふる」、「支所保健師」と社会福祉協議会の「多機関協働、地域調整及びエリア担当コミュニティソーシャルワーカー」、生活困窮者支援の「生活支援センター」及び法人委託の「地域包括支援センター」がコアメンバーで、その他事例検討に関係する教育委員会関係や生活保護担当などが臨時で参加する形をとっています。

　すでに開始から１年程度経過していますが、顔の見える関係ができ、日常的にちょっとした相談をしやすくなったことが１番の効果でした。地域共生社会の実現に向けた取り組みの中で「支援者支援」の役割を互いに担えています。それに加えて、分野を超えて事例検討することで、いろいろな分野からの情報が集約され、家族を支援する視点の意識付けが図られているように感じています。

　今後、「コアネットワーク会議」が日常生活圏域の中心的な役割として発展し、地域の社会福祉法人や地区民生委員児童委員協議会、学校との連携体制を構築していくことに加えて、地域住民との協働体制へとつながり、支え合う地域ができていけばと考えています。

５．重層的支援体制整備事業計画の策定方法

ABC モデルの B 領域の抽出手順を理解する

１）手順１　Ｃの抽出

①第２章で説明している「自治体のセルフチェック」をチームで行ってください。

目的：チームの共通認識によるチーム形成／これまでの自治体の蓄積の確認

②第２章のチェックは通常、地域福祉計画の策定過程の作業です。この作業を通じて地域福祉計画の点検も行いましょう。

２）手順２　Ｂの抽出

図５-４は事例11（P75）の芦屋市の作業表です。縦軸のＣ１～Ｃ３は ABC モデルのＣ領域のＣ１～Ｃ３に該当します。手順１で抽出した自治体セルフチェックで発見した取り組みをＣ１、Ｃ２、Ｃ３に分類しましょう。

横軸のＡ１～Ａ５は重層的支援体制整備事業の５事業です。芦屋市の場合は、多機関協働事業（Ａ２）をさらに３項目に分けています。

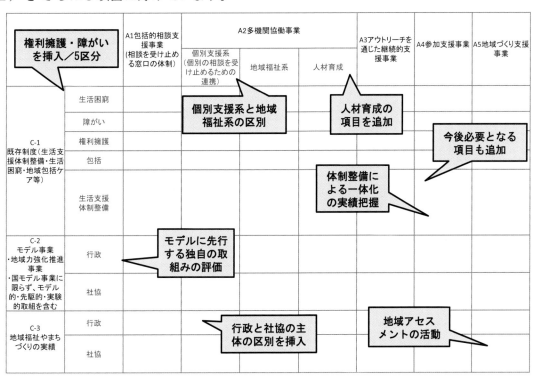

図5-4　重層的支援体制整備（B）の評価作業のためのC領域の抽出シート（芦屋市）

（ＣからＢの抽出上の留意点）

①「たて」「よこ」「ななめ」の関連をみる／新たな事業が発想されたら記入しておきます。Ｂ領域の検討の最大の要点は、Ａ１～Ａ５を個々ばらばらに事業設計しないことです。しかし、実施自治体の多くの計画は残念ながらそのようになっています。ここでは、Ａ１～Ａ５の関連を重層的に捉えるために「たて」「よこ」「ななめ」の各事業間の関係を把握するように努めます。

また、抽出過程で新たな事業の発想が生じた場合は色を変えて記入しておきましょう。

	包括的相談支援事業	多機関協働事業	アウトリーチ事業	参加支援事業	地域づくり事業
C-1. 既存制度（生活支援体制整備・生活困窮など）	・社協へ総合相談窓口、自立相談支援事業、包括等の相談窓口を委託し、総合相談窓口で受け止めた相談を専門的相談窓口につなぐ体制を整備 ・窓口間の連携には課題あり	・総合相談窓口を中心に、総合相談連絡会において、つないだケースの対応状況の確認や、各機関の機能を共有している ・生活困窮者自立支援推進協議会は、重層的支援体制整備事業に関する協議をし必要に応じてプロジェクト当に取り組み、具体的に取組を推進する	・自立相談支援員と就労支援員が引きこもりの人への訪問支援等を実施している。	・就労準備支援員が中心となって居場所を開催することで、潜在化した対象者の発見ができ、支援につながっている。	
C-2. モデル事業 ・包括的な支援体制整備／地域力強化推進				・地域住民が、つどい場の多機能化（取組の多様化、多様な属性の人を受け入れる、相談につなげる等）に取り組めるよう、地域支え合い推進員が多様な人や団体とつながりを作る	・地域支え合い推進員が、活動者からの相談に応じ、居場所の立ち上げ・継続的な活動等について支援を行い、居場所・活動が維持されている。
C-3. 地域福祉やまちづくりの実績				・地域見まもりネット事業者の実態把握（ケース発見経験、地域貢献活動（例：就労体験の受入）の有無等）を実施する	・地区計画作成に向けた地区委員会での地域アセスメントの共有 ・「地域の福祉活動者の活動ニーズ」の分析とニーズ充足に向けたプログラムの検討・創出

図5-5　C評価から見えてきた"たて・よこ・ななめ"のつながり（芦屋市）

②Bの活動、事業を抽出する視点

　Cで洗い出した活動、事業からA1～A5と関連する事業を抽出する際の重点的な視点は、次の6つの視点です。

表5-2　B領域を抽出する6つの重点的な視点

抽出視点	分析の視点
会議運営	連携は各種会議を通して行われますので、各会議のメンバー、機能の洗い出し、重複した会議の統廃合、新たな会議の創設を検討しましょう。
プロジェクト	「包括」「重層」とは、単一プログラム（事業）の推進ではなく、複数のプログラムの集合体です。重層事業の多くは創造的、実験的対応が求められますので、チームによるプロジェクトが重要です。（例：ひきこもり対策、中間的就労支援の拡大）
人材の新規配置	A1～A5に関係する「アウトリーチ」や「参加支援」などの新規人材の配置
地域福祉人材育成	A1～A5に関係する新規配置はもとより、行政職員、分野別の福祉職が横断的に連携ができ、住民と協働できる地域福祉人材育成や地域の福祉活動者とまちづくりの活動者の交流事業などを検討しましょう。
地域福祉活動と地域福祉拠点	C3の地域福祉の蓄積として自発的な社会福祉である地域福祉活動や民間の福祉活動を抽出します。その際、福祉のまちづくりや地域福祉施策に重要な地域福祉としての地域拠点に着目して抽出します。
行政機構の見直し・改革	「会議運営」「人材配置」の構想を保障する機構改革。主として、福祉分野内横断連携、福祉と保健部局を中核として、教育、住宅、まちづくり部局の連携。ニーズから政策化にいたるボトムアップのルートの構築、地域福祉計画の進行管理体制に関することなど。

注）本表は、評価指標開発委員会・平野隆之（2022）『重層的支援体制整備事業における評価活動のすすめ－所管課エンパワメント・ハンドブック』CLCの「第6章　6つの体制整備の構成要素」p64-p80を参照して作成した。

３）Bの抽出から、２つの図をつくる

　４章で述べたように、多くの自治体では多機関協働連携と庁内連携の図として、支援困難ケースを入口から出口（ケース検討の窓口から検討の場、連携を進める場など）までの支援フローの図（P65図5-1参照）を作成し、B領域のイメージを描くことが多いようです。重曹事業の最初のイメージづくりとしてはこの図は有効ですが、この図だけでは、単一の機関に支援困難ケースを送致して対応するイメージの図として構想されてしまいます。

　包括的な支援体制が相談支援、参加支援、地域づくり支援の重層的な体制として、とくに相談支援の機能を「支援者の支援機能」と設定した場合には、どこにニーズが入っても全体的な連携のなかで対応される連携図を描く必要があります。

　本書では、それをネットワーク形成図（包括的支援体制・地域ケアシステムの骨組み図）として第4章で紹介しています。これは地域福祉計画の基本設計図といえます。また、重層事業は重層的支援体制整備事業計画を作成する必要がありますので、3つの支援事業の関連を意識した関連図を描くとよいでしょう。

①ネットワーク形成図（包括的支援体制・地域ケアシステムの骨組み（スケルトン））づくり

　本来は地域福祉計画策定段階で構想する「圏域を重層化する図」として、各圏域で主として活動する各主体と活動、事業の関連を示した連携図です。地域福祉の基本設計図といえます。包括的な支援体制では106条の3第1項第1号〜第3号の関連図に該当します。

　この図を描くことにより、包括的な支援体制が地域福祉に位置づくことになります。もちろん、各主体の活動と連携が深まることと比例して図も変化していきます。

②3つの支援の関連図づくり（相談支援・参加支援・地域づくり支援)

　この図は重層的支援体制整備事業における3つの支援事業の重なりを把握する図として作成されるものです。重層的支援体制整備事業計画作成に必要な図です。図5-6は、芦屋市がB領域の抽出検討から重層的支援体制整備事業計画を作成したなかで、「多機関協働の体制整備関係図」として描いた図です。縦軸に3つの支援の領域があり、各会議がどの範囲を担っているかがわかります。

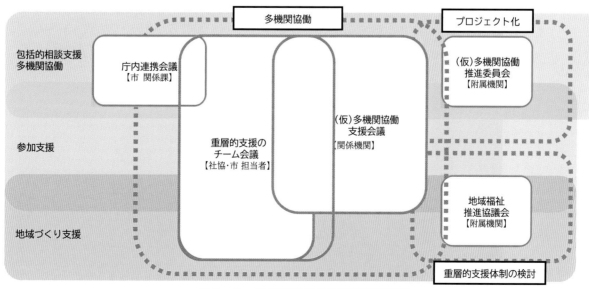

図5-6　多機関協働の体制整備関係図
出典　芦屋市重層的支援体制整備事業実施計画（2022〜2026）

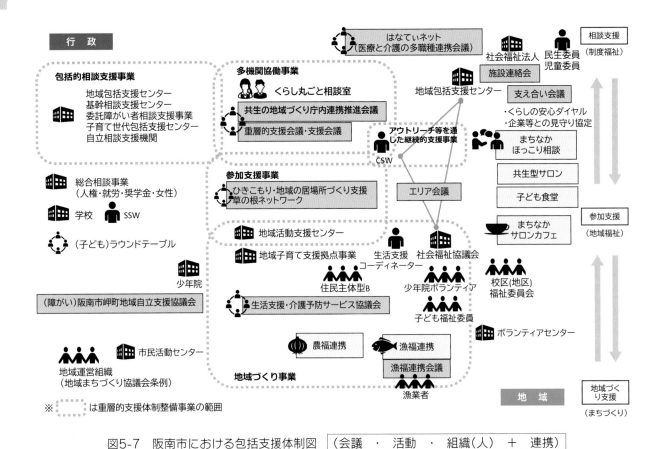

図5-7　阪南市における包括支援体制図　（会議　・　活動　・　組織（人）　＋　連携）

　図5-7は阪南市の第4期地域福祉推進計画策定の検討過程で包括的支援体制・重層的支援体制整備事業を3つの支援（縦軸）と行政、専門機関、地域（左側から右側）の間（空間）に 各主体と活動・事業を配置した図となっています。点線は各重層事業の重なりと関係を表しています。その外延にある事業はC領域の抽出から包括的な支援体制として必要な活動・事業を確定し、配置しています。この図が地域福祉計画に位置づくことにより、地域福祉計画の重点事業としての包括的な支援体制の諸事業が明確になり、さらに重層的支援体制整備事業がそのリーディングプロジェクト事業として明確に位置づくことになります。

事例11　重層的支援体制整備事業計画づくりと評価活動（兵庫県芦屋市）

　芦屋市では2021（令和3）年度に包括的支援体制を組み込んだ地域福祉計画を策定し、2022（令和4）年度から重層的支援体制整備事業を本格実施しています。重層的支援体制整備事業計画（以下、実施計画）の策定においては、2022（令和4）年5月から評価活動に取り組み、その結果を実施計画に反映する手法をとっており、7ヶ月の期間をかけて12月に策定しました。

　評価活動は、当該事業を所管する地域福祉課と事業を受託している社会福祉協議会（以下「社協」という）との合同の体制で取り組みました。これは、重層的支援体制整備の基礎と考えられる生活困窮者自立支援事業と生活支援体制整備事業に加え、権利擁護支援事業や地域包括ケアの一部を地域福祉課が所管し、その大半を社協が受託しているといった体制によるものです。また、CLCから出版されている「重層的支援体制整備事業における評価活動のすすめ」では、評価活動を所管課のみで行うのではなく、庁内や庁外の支援関係機関が参加することで協働関係が強化されるため、関係機関の巻き込みを積極的に図るようにされていますが、本市では所管課が実施主体として関連事業や取り組みを評価し、人材育成を通じて関係部署や関係機関等を巻き込んでいくことが実情に適していると考えたことによります。

　評価活動は、地域福祉課、社協の各組織による検討、地域福祉課と社協の合同による検討、合同の場に学識研究者が入り助言等を得るといった3段階の場で行いました。その中で、評価活動の結果を計画へと発展させる展開として、①重層的支援体制整備事業に係る既存の取り組みの洗い出しと各事業の目的の確認、②①で洗い出した取り組みの評価（成果）、関連性の検討、整理、③①、②の作業により、見えてきた「できていないこと」「取り組んでいきたいこと」等から、今後の取り組みを抽出、④③で抽出した取り組みの関連性を整理し、重層的支援体制整備事業の事業機能に分類し、「プロジェクト」として取り組むことを計画として落とし込む、といったプロセスにより計画を策定しました。また、計画は、①〜④のプロセスにより、既存事業の洗い出しとその評価から発展したものであることから、計画に記載している「プロジェクト」は、新規に設定したものもありますが、基本的には既存事業の機能の見直しや拡充といったリノベーションの手法をとることで、新規事業を実施しなければならないといった負担感の軽減と、組織や事業の活性化につながったと考えます。

　今後は実施計画に示した事業について、日々の活動の中で見直し、修正を図りながら、事業全体の評価方法について検討していく予定です。

　実施計画の策定に向けた評価活動の実施体制は前述の3段階による評価活動の場を設定しましたが、各検討の場が設定されていることは、評価にあたって、多角的な視点を取り入れることができ、重層的支援体制整備事業の捉え方の深化につながりました。また、何よりも、地域福祉課と社協が双方の考え方や目的をすり合わせることで、重層的支援体制整備事業を実施するうえで、事業の方向性の共通認識をはかり、協働体制を強化する重要な機会となり得たことに意味がありました。

注）芦屋市重層的支援体制整備事業計画は芦屋市公式ホームページから取得可

６．地域福祉計画・重層的支援体制整備計画での評価と進行管理

包括的な支援体制・重層的支援体制整備事業と地域福祉の進行管理を一体的に進める必要があります。なぜなら、包括的な支援体制は地域福祉計画に位置づいているためです。（社会福祉法第107条）。

包括的な支援体制と地域福祉計画との関係は以下のように考えられます。

（１）包括的な支援体制と地域福祉計画の関係

① 包括的な支援体制は地域福祉計画の中核的な事業の位置づけにあります。とくに、重層的支援体制整備事業計画（以下重層計画）は、地域福祉計画のリーディングプロジェクトといえます。その日常的な検討は庁内連携会議や重層的支援会議等で行います。

② 包括的な支援体制・重層的支援体制整備事業は地域福祉計画の諸施策と関連することによって制度上の社会福祉の連携だけでなく、地域づくりに向けた支援、参加支援を幅広く展開することが可能です。

（２）重層的支援体制整備事業計画と地域福祉計画の進行管理

重層計画と地域福祉計画の進行管理を同時に行ううえでは、以下の視点を踏まえた進行管理が必要です。

１）柔軟に変化する事業過程を評価する

地域福祉計画は他の分野別計画（制度資源整備計画）とは違い、主に社会福祉を目的とする事業（制度を超えた事業）を推進するため、実験計画や形成計画といわれています。また、包括的な支援体制は地域ケアシステムの一種であることから、絶えずしくみを変化成長させていく体制です。その観点からは、ニーズに対応し、その変化を評価する「形成評価」に視点をおきます。この評価には、目標設定とともに、改善に向けた試行錯誤を繰り返す過程自体を評価する視点が大切です。

２）地域福祉計画のリーディングプロジェクトとしての重層計画

地域福祉計画の評価は、およそ５年を期間として単年度ごとに PDCA サイクルで進行管理していきます。それに対して、重層的支援体制整備事業は庁内連携会議と多機関協働、地域との協働により微調整しながらの日常的なニーズ把握とそれに対する変化のための日常的な評価、改善が必要です。いわば、地域福祉計画の進行管理の日常的な取り組みが重層的支援体制整備事業であり、その成果を単年度ごとに地域福祉計画に反映する関係にあります。

事例 12　３つの計画による包括的支援体制の進行管理
～地域福祉推進計画・重層計画・アクションプラン～（鳥取県北栄町）

鳥取県北栄町は、人口 14,451 人、5,493 世帯、高齢化率が 36.0%（2023（令和5）年4月1日現在）で、2005（平成17）年10月に２町合併により誕生した県中部にある自治体です。高齢、障がい、母子、児童、生活保護、生活困窮を町福祉課が所管しており、地域包括支援センターおよび障がい者地域生活支援センターも直営設置しています。また、教育委員

会の教育総務課に子育て世代包括支援センターを設置して教育部局との連携強化を図る工夫をしています。

　北栄町では、2018（平成30）年度から包括的支援体制の整備にむけた取り組みを開始しました。民生委員・児童委員や相談支援機関への聞き取り調査を通して、自ら相談に来ることができない方や制度の狭間などで適切な相談支援につながらず、課題解決が先延ばしになっている方など、孤立状態の把握や世帯全体への支援の必要性が明らかになりました。

　そこで、2021（令和3）年度には重層的支援体制整備事業に移行し、分野を超えたつながりの強化を図ることとしました。事業の実施にあたり、庁内関係課で協議を重ね、庁内各課や関係機関のみならず、元々あった地域住民のつながりを大事にして、地域とのつながりを切らない支援をおこなっていく個別支援と、気にかけ合う地域づくりを一体的に行うことを確認し合いました。

　施策の取り組み方針については、北栄町地域福祉推進計画（行政の地域福祉計画と社協の活動計画を一体化）で明らかにしています。また、北栄町重層的支援体制整備事業実施計画では、①福祉的な支援を必要としている人に必要な支援が届くしくみづくり、②世帯全体の課題を整理し、関係機関が役割分担のうえ、課題解決に向けた支援を行う、この2点を目的に取り組みを進めることとしています。さらに、単年度のアクションプランを作成して、一年一年の積み重ねから発展進化していくことを大切にしています。

　北栄町の包括的支援体制を構築するにあたり、図のような全体像を作成しています。自治会、小・中学校区、町全域の3層域のネットワークを構築し、既存の取り組みや団体の活動などを大切にしながら、住民と専門職が協働して地域生活課題について話し合う機会を作るようにしています。

　自治会単位で行っている「支え愛連絡会」（図下段）では、民生委員・児童委員や福祉推進員、愛の輪協力員などが集まり、心配な世帯や地域課題などの情報を共有し、具体的な見守り・助け合い活動について話し合っています。その中で集いの場や移動の問題など、広域に関わることは、中学校区単位で開催している「よっしゃやらあ会（第2層協議体）」（図中段）で話し合い、社協や行政が活動の伴走支援を行うなどして、課題解決に向けた取り組みの推進を図っています。

　町全域の庁内・多機関連携の体制（図上段）では、多機関がつながるしくみの強化として、福祉課に相談支援包括化推進員を配置し、各分野の相談支援機関による包括的支援会議（重層的支援会議と支援会議の機能を付与）を開催しています。庁内連絡会では、課長級の連携責任者連絡会と事業担当者連絡会を設置して、庁内の部局横断的なしくみと意識づくりを進めています。

　また、アウトリーチ事業では、町内の複数の社会福祉法人等の協力を得て、支援の必要な方とのつながりを作るため、地域に出向いて世帯訪問調査を実施しています。法人の職員からは地域に出向くことで、多様な地域生活課題を知ることができたという声をいただいています。

　さらに、課題が明らかになるなかで、精神科領域の専門職によるアウトリーチ訪問を新規事業として検討したり、農家や図書館でのボランティアの受入など新たな資源が生まれています。

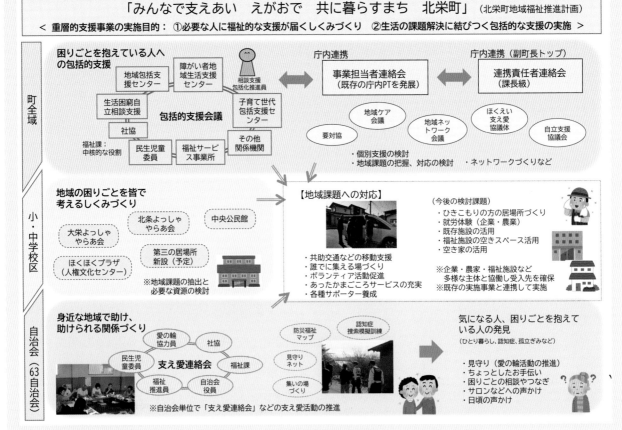

図5-8　北栄町における包括的支援の取組みイメージ（全体像）

事例・コラム一覧

引用・参考文献

◉ 井岡 仁志、藤井 博志、河内 広行、髙原 伸幸（2023）『地域福祉実践研究第14号』「包括的支援体制整備における都道府県後方支援事業の在り方－広島県地域共生社会実現のための地域の支え合いコーディネート機能強化研修から－」日本地域福祉学会

◉ 永田 祐（2021）『包括的な支援体制のガバナンス－実践と政策をつなぐ市町村福祉行政の展開』有斐閣

◉ 原田 正樹・藤井 博志・渋谷 篤男 編（2020）『地域福祉ガバナンスをつくる』全国社会福祉協議会

◉ 評価指標開発委員会・平野 隆之 編（2022）令和3年度厚生労働省社会福祉推進事業『重層的支援体制整備事業における評価活動のすすめ 所管課エンパワメント・ハンドブック』全国コミュニティライフサポートセンター

◉ 平野 隆之（2020）『地域福祉マネジメント－地域福祉と包括的支援体制』有斐閣

◉ 平野 隆之（2023）『地域福祉マネジメントと評価思考：重層的支援体制整備の方法』有斐閣（近刊）

◉ 広島県社会福祉協議会（2022）『できる社協ワーカーのための実践ポイントブック 社協のCAN詰め4』広島県社会福祉協議会

◉ 藤井 博志 監修・広島県社会福祉協議会 編（2023）『チームでまちをデザインする 包括的な支援体制づくりハンドブック』

◉ 藤井 博志 監修・宝塚市社会福祉協議会 編（2018）『改訂版 市民がつくる地域福祉のすすめ方』全国コミュニティライフサポートセンター

◉ 藤井 博志（2019）『地域福祉のはじめかた 事例による演習で学ぶ地域づくり』ミネルヴァ書房

◉ 藤井 博志 監修（2020）令和元年度厚生労働省老人保健健康増進等事業『住民主体の地域ケアの展開 専門職協働と自治体支援のあり方』全国コミュニティライフサポートセンター

執筆者一覧

執筆者	職名	執筆箇所
藤 井 博 志	関西学院大学 人間福祉学部 教授	第1章 第3章-4 第5章 事例9 コラム1 コラム2
髙 原 伸 幸	竹原市市民福祉部社会福祉課 地域共生社会推進アドバイザー	逆引きアナウンス 第2章 第4章 事例2 事例5 コラム3 コラム4
井 岡 仁 志	ローカリズム・ラボ 代表	第3章1〜3
池 田 昌 弘	全国コミュニティライフサポートセンター 理事長	事例1 事例6
倉 田 忍	廿日市市 健康福祉部 健康福祉総務課 専門員（GL）（執筆当時）	事例3 コラム5
福 永 一 美	三原市社会福祉協議会 福祉支援課共生推進係 係長兼主任相談員	事例4
竹 田 勝 也	竹原市社会福祉協議会 事務局長	事例5
髙 橋 望	尾道市社会福祉協議会 サポートセンター係長	事例7
友 澤 美 香	兵庫県伊丹市 共生福祉社会推進担当 副参事	事例8
吉 岡 志 保	広島県東広島市 地域共生推進課 地域共生推進担当参事（執筆当時）	事例10
吉 川 里 香	芦屋市こども福祉部福祉室主幹 地域共生推進担当 課長	事例11
松 嶋 まゆみ	鳥取県北栄町福祉課生活支援室 室長	事例12

図表の出典一覧

第1章

図1-1、図1-2、図1-3、図1-4、図1-6、図1-8、図1-11、図1-12、図1-14	藤井 博志
図1-5	楢葉町（福島県）
図1-7	井岡 仁志
図1-8	平野 隆之の図に一部加筆
図1-9、図1-15	厚生労働省
図1-10、図1-13	広島県社会福祉協議会
表1-1、表1-2、表1-3、表1-4、表1-5	藤井 博志

第2章

図2-1	竹原市（広島県）
表2-1、表2-2、表2-3	広島県社会福祉協議会

第3章

図3-1	奈良県社会福祉協議会
図3-2	東広島市社会福祉協議会（広島県）
図3-3	藤井 博志の図に一部加筆
図3-4	髙原 伸幸
図3-5	中田 智恵海の図に一部加筆
図3-6	全国コミュニティライフサポートセンター(宮城県)
表3-1、表3-2	井岡 仁志

第4章

図4-1	高島市・高島市社会福祉協議会（滋賀県）
図4-2	宝塚市（兵庫県）
図4-3	東広島市（広島県）
図4-4、図4-5、図4-6、図4-7	広島県社会福祉協議会

第5章

図5-1	伊丹市(兵庫県)
図5-2、図5-3	藤井 博志
図5-4、図5-5、図5-6	芦屋市（兵庫県）
図5-7	阪南市（大阪府）
図5-8	北栄町（鳥取県）
表5-1	宝塚市（兵庫県）
表5-2	藤井 博志